来华短期汉语进修教材

速通汉语

Expressway to Chinese

胡文华 吴中伟 许金生 主编
徐 来 编著

中级

3

北京语言大学出版社
BEIJING LANGUAGE AND CULTURE UNIVERSITY PRESS

图书在版编目（CIP）数据

速通汉语 ：中级 . 3/ 胡文华，吴中伟，许金生主编 ；徐来编著 . -- 北京 ：北京语言大学出版社，2020.6

ISBN 978-7-5619-5633-5

Ⅰ. ①速… Ⅱ. ①胡… ②吴… ③许… ④徐… Ⅲ. ①汉语－对外汉语教学－教材 Ⅳ. ① H195.4

中国版本图书馆 CIP 数据核字 (2020) 第 058537 号

速通汉语 中级 3

SUTONG HANYU ZHONGJI 3

排版制作：北京创艺涵文化发展有限公司
责任编辑：张维嘉 方兴龙 英文翻译：徐 来
英文编辑：侯晓娟
责任印制：周 燚

出版发行：北京语言大学出版社
社 址：北京市海淀区学院路 15 号，100083
网 址：www.blcup.com
电子信箱：service@blcup.com
电 话：编辑部 8610-82303647/3592/3724
国内发行 8610-82303650/3591/3648
海外发行 8610-82303365/3080/3668
北语书店 8610-82303653
网购咨询 8610-82303908
印 刷：保定市中画美凯印刷有限公司

版 次：2020 年 6 月第 1 版 印 次：2020 年 6 月第 1 次印刷
开 本：880 毫米 × 1230 毫米 1/16 印 张：8
字 数：126 千字
定 价：48.00 元

PRINTED IN CHINA

编写说明

汉语进修教学，可分为强化型和普及型两种，本教材为普及型汉语进修教材。本教材主要面向来华短期进修教学项目，也适用于国内外其他各类普及型汉语进修教学项目。教材的初、中、高三级既相互衔接，又具有一定的独立性，可根据需要单独使用；学习者可从头学起，也可以从其中某一册学起。

普及型短期进修教学的主要特点是：教学周期相对较短，学习者课外学习时间有限，学习者的学习动机和学习需求差异较大。本教材遵循汉语作为第二语言教学教材的编写基本原则以及汉语教材编写的发展趋势，针对普及型短期进修教学的上述特点，在编写中着力体现以下特点：

1. 以任务为载体，兼顾结构、功能、文化。

结构、功能、文化相结合，是汉语作为第二语言教学遵循的基本原则。结构、功能、文化相结合的载体，就是任务，即交际活动。本教材按照从输入型任务到输出型任务的顺序，通过任务活动促进语言的输入和输出，完成相应的教学目标。

在语言点的安排上，本教材尽量照顾到语法结构教学的系统性。在语境设计上，注意贴近学习者生活，突出实用性。在内容主题的选择上，密切反映中国当代社会特点，体现时代气息。在文化因素的处理上，兼顾世界文化的共通性和中国传统文化的独特性。

2. 听说为主，精泛结合。

总的来说，本教材属于综合教材，以提高学习者的汉语综合运用能力为目标。但考虑到短期进修教学的特点，在技能培养上以听说为主，兼顾读写。初级阶段 1 ～ 4 册的所有教学内容，均为汉字和拼音对照形式，以适应部分学习者技能发展不平衡的情况，以及不同学习者对技能发展的不同需求。使用者可根据实际情况对读写技能的培养确定相应的教学目标。

在中高级阶段，本教材在设计上体现精泛结合的理念，特别是高级阶段，对于聆听和阅读任务中的词语和结构，不要求全部掌握，为学习者的自主学习留出足够空间；同时，在完成理解性和表达性任务过程中，注意学习策略的培养。

3. 注重课堂教学的操作性。

教材编写的过程化，是教材编写的发展趋势。所谓过程化，就是通过练习和活动设计逐步推进教学目标的实现，使教材的内部结构与实际课堂教学的过程基本一致，这样有助于更好地实现教材的设计理念和设计目标，也减轻了教师在教学设计上的压力。当然，学习者的特点千差万别，有经验的教师完全可以根据具体情况对教材中的设计安排进行灵活调整。

4. 在难度和容量上保持足够的适用空间。

短期进修教学，教学周期相对较短，或为 1 ～ 2 周，或为 1 ～ 2 个月；另外，中国国内各大学的短期班一般是每天用 3 ～ 4 课时完成 1 课的教学任务。因此，我们把每册容量定为 10 课。如果每天 1 课，每周 5 天，则每册可供 2 周学完。每课主要内容的设计课时为 3 课时，但每课均配有“延伸活动（或拓展练习）”，可供第 4 课时使用。这样的设计，便于不同教学周期、不同课时量的教学项目灵活选用。

另外，本教材虽然跨越初、中、高三个等级，但限于容量，不可能出齐各级全部词汇和语言点，为了保证与各册总体难度等级相适应，初级阶段该出而未出的部分词语和个别语言点，在中级阶段不再作为生词和新的语言点处理，高级阶段则根据精泛结合的原则，仅对本阶段重点词语、重点格式进行处理。

本教材共 12 册。难度上与 HSK 等级的大致对应关系为（容量上不完全覆盖各级内容）：

本教材	初级	中级	高级
	1 ～ 4 册	1 ～ 4 册	1 ～ 4 册
HSK 相应水平	1 ～ 3 级	4 级	5 级

教材由三位主编合作主持编写工作，具体分工如下：

许金生，负责初级 1 ～ 4 册；

胡文华，负责中级 1 ～ 4 册；

吴中伟，负责高级 1 ～ 4 册。

本教材出版前已在复旦大学国际文化交流学院暑期班试用，并根据试用反馈进行了修改，但肯定还存在许多疏漏、不足之处，敬请各位同行、老师批评指正！

编者

2019 年 3 月

本册使用说明

《速通汉语 中级》共4册，可供有一定汉语基础（已掌握800个左右常用词）的学习者使用，可以前接初级1～4册，后续高级1～4册，也可以单独使用。本教材将汉语常用的词汇、短语和句子表达与话题中的文化内容相结合，活动和任务贯穿教材始终。本教材适用于综合课教学，重点培养学生的听说技能和口头交际能力，兼顾读写技能。

本册教材共有10课，若每天3～4课时，可在2周内完成。以下具体说明教材内容及使用建议。

教材编写理念主要为以任务和活动为载体，重视交际互动，通过由易到难的活动设计不断推进教学目标的实现。教学活动的编排按照从输入型任务到输出型任务的顺序，每一课的语言点教学都设有后续跟进的交际练习活动，旨在通过一系列控制式交际活动、半控制式交际活动及自由输出式交际活动，逐步推进教学目标的实现，以使学生全方位、多角度地熟悉当课语言点及常见的使用搭配，并在不断的交际互动中逐渐获得使用汉语进行基本交际会话的能力。

建议教师根据教材编排的顺序，即“热身→词语→语言点→主课文与副课文→拓展练习”组织教学，也可按照具体情况灵活微调。

各课板块设置如下：

1. 热身

“热身”为每课教学的引入部分，教师可用10分钟左右的时间，以该课话题为中心，通过师生之间或学生之间问答的形式引导学生复习旧知识，唤起学生对新知识的学习欲望，以此自然过渡到新课的学习。

2. 词语

每课生词约20～30个，建议使用20分钟左右的时间进行教学。教师可先领读生词，然后按顺序讲解生词，对于重点生词应通过形式多样的互动方式引出词语的典型用法，并带领学生操练，最后让学生完成“活动”，教师扼要讲评。

3. 语言点

语言点部分采用“说明——练习”的形式。说明部分不仅有该语言点功能和用法的讲解，而且展示了足量的例句，使学生明白该语言点的功能和使用场景。练习部分也给出了具体语境，让学生通过控制式和半控制式的任务活动，真正学会在交际中正确使用该语言点。该板块建议20分钟左右完成。

4. 主课文与副课文

课文教学板块包括主课文和副课文，主课文为对话，副课文根据主课文的内容，将对话转换为陈述性短文。主课文后设计了四种活动：一是展示课文中出现的某个特别常用的语言格式，引起学生的注意和重视，给出适量带有语境的例子，让学生理解其功能和用法，并让学生通过控制式和半控制式的任务活动，真正学会使用该语言格式；二是朗读后回答问题，要求学生通过朗读课文不断改善语音面貌并熟悉和理解课文内容；三是请学生两人一组，就课文相关话题进行交流讨论；四是请学生把交流的内容整理成通顺的文字。由于课堂时间有限，第四部分的活动可以酌情安排为课后作业。建议主课文及其相关练习在 40 分钟左右完成。

副课文则另有五种不同的练习任务：第一种是根据课文内容判断对错，意在检查学生对课文内容的理解程度；第二种是听课文录音，完成填空，意在加强学生的中文聆听和汉字书写能力；第三种是复述课文，第四种是回答与课文有关的问题，第五种是就课文相关话题进行讨论，这三种练习任务意在让学生有机会在受限的内容和受限的话题情境下练习口头表达能力。建议副课文及其相关练习在 35 分钟左右完成。

5. 拓展练习

如果日课时为 3 课时，这一板块可作为课后作业；如果日课时为 4 课时，则本板块可供第 4 节课使用。本板块为学生提供与主、副课文话题一致的材料，及包含本课语言点和主要词汇的听、说、读、写练习。具体而言，第一部分为听力练习，教师可引导学生先看问题，大致了解所听内容的情境、人物及话题内容。教师可根据学生的听力情况决定播放录音的次数，建议通过与学生互动的方式检测学生是否完全听懂。第二部分为阅读练习，学生正确完成后，如果时间充裕，可以让学生复述短文内容。拓展练习的前两部分建议在 45 分钟内完成。第三部分为写作训练，学生可在课后根据训练要求完成写作。

6. 聚宝盆

这是《速通汉语》教材专门为学习者准备的一块“自留地”，教材在每课最后设置“聚宝盆”板块，提供一块空白的“板”，请学生添加这一课新学会的词语和句子。这个板块可以实现学习者的成就感或超成就感，每个学习者可以根据自己的认知写下词语、句子，教师可以观察并予以个性化指导。“聚宝盆”板块可以请学生课后完成。

以上建议仅供各位教师参考，教师可在教学实践中根据本校课时安排、教学对象特点、学生需求、课堂实际情况等多方面因素进行调整，灵活取舍，以求取得最佳的教学效果。

语法术语缩略形式表
Abbreviations of Grammar Terms

缩略形式 Abbreviation	英文翻译 English	中文名称 Chinese
A	Adjective	形容词
Adv	Adverb	副词
Conj	Conjunction	连词
M	Measure Word	量词
N	Noun	名词
NP	Noun Phrase	名词词组
Nu	Numeral	数词
O	Object	宾语
Ono	Onomatopoeia	拟声词
PN	Proper Noun	专有名词
Pre	Prefix	前缀
Prep	Preposition	介词
Pron	Pronoun	代词
Pt	Particle	助词
Q	Quantifier	数量词
S	Subject	主语
Suf	Suffix	后缀
V	Verb	动词
VP	Verb Phrase	动词词组

目 录

第一课 你的行李多吗?

一、热身

1. 什么是行李？你每天来上课时背的书包是不是行李？

2. 你来中国时，带了几件行李？有没有忘记带什么重要的东西？

3. 旅行的时候，你的行李里一般都带什么？有没有“不带不放心，带了却不用”的东西？

二、词语

1	行李	xíngli	N	luggage, baggage	带上行李
2	旅途	lǚtú	N	journey, trip	在旅途中； 祝您旅途愉快
3	顺利	shùnlì	A	smooth, without a hitch	旅途顺利；工作顺利； 考试顺利
4	托运	tuōyùn	V	to consign for shipment	托运行李
5	箱	xiāng	Suf	chest, box, case	信箱；邮箱；行李箱
6	随身	suíshēn	A	(to take) with oneself	随身行李；随身包； 随身带着
7	双肩包	shuāngjiānbāo	N	backpack	一个双肩包；背双肩包
8	打工	dǎ gōng	VO	(usually temporarily) to do manual work	经常打工；打过工
9	难得	nándé	A	rare, hard to come by	难得的机会；难得一见

10	旅游	lǚyóu	V	to travel, to take a trip	
11	化妆品	huàzhuāngpǐn	N	cosmetics, makeup	一套化妆品
12	酒店	jiǔdiàn	N	hotel	一家酒店
13	床单	chuángdān	N	bed sheet	一条床单
14	毛巾	máojīn	N	towel	一条毛巾；一块毛巾

专名

1	刘强	Liú Qiáng	Liu Qiang, a person' s name
2	里尔克	Lǐ'ěrkè	Rilke, a person' s name

活动

1 看下面的图片，找出相应的词语，并说出与它们搭配的量词。

化妆品　双肩包　毛巾　行李箱　床单

____

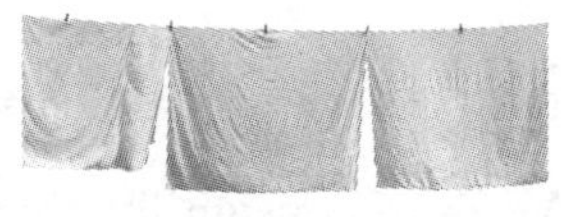

____

____

____

____

2 用上题中的词语完成下面的句子。

（1）我来中国的时候，带了很多东西，装满了两个________。

（2）我每天背着________去上学，里面放着我的课本、手机、钱包。

（3）我的姐姐特别爱漂亮，她的包里可能没有钱，但一定有________。

（4）洗完手，用________擦干。

（5）床上铺着新的________，又漂亮又柔软。

3 选词填空。

托运　打工　顺利　难得　随身

（1）在这次的旅途中，我们没有遇到任何困难，特别________。

（2）爸爸常常十点以后才回家，今天他六点就到家了，真是________。

（3）双肩包可以________带上飞机，但这个行李箱太大，必须________。

（4）他家很穷。为了上大学，他自己________挣钱。

三、语言点

汉语中常用的概数表达方式

Common expressions of approximate numbers in Chinese

1. 相邻的两个数词连用，表示大概在这个数量范围内。如："三四个小时"表示大约三到四个小时，"十五六米长"表示大约十五到十六米长，"七八十人"表示大约七十到八十人，"二十一二岁"表示大约二十一到二十二岁。需注意，"九"和"十"连用不表示概数。

   Two adjacent numbers are used together to indicate the number is approximately within the scope. For example, " 三四个小时 " means approximately 3–4 hours; " 十五六米长 " means approximately 15–16 meters long, " 七八十人 " means approximately 70–80 persons, and " 二十一二岁 " means approximately 21–22 years old. It is noteworthy that if " 九 " and " 十 " are used together, it doesn't indicate an approximate number.

2. 用"几""两"表示不定的数量，通常指代 2～9 之间的整数。"两"通常单独使用，而"几"可与"十""百""千""万"等数词搭配使用。

   " 几 " and " 两 " are used to indicate uncertain numbers, usually integers between 2 and 9. " 两 " is often used independently, while " 几 " can be used together with

"十","百","千","万", and other numerals.

我去书店买几本书。= 我去书店买两本书。

我过几天来找你。= 我过两天来找你。

他一次就买了十几件衣服。(√)　他一次就买了十两件衣服。(×)

他飞快地吃下了几十个饺子。(√)　他飞快地吃下了两十个饺子。(×)

房间里坐了几百个人。≠ 房间里坐了两百个人。

3. 数量词前加上表示"大概"意思的词语,如"大概十个人""(大)约两点钟""差不多[①]过五个小时"等等,表示数量上接近这个数字。例如:

If a word indicating approximation is used before a quantifier, such as "大概十个人" (about ten people), "(大)约两点钟" (around two o'clock) and "差不多过五个小时" (about five hours later), it means the quantity is close to the number. For example:

大概十天前,我在图书馆见过他。

这些水果大约五十元钱。

昨天的作业我做了差不多三个小时。

4. 数量词后加上表示方位的词语,如"左右""上下""前后"等,表示数量上接近这个数字。例如:

If a quantifier is followed by a word indicating location, such as "左右", "上下" and "前后", it means the quantity is close to the number. For example:

我们的数学老师三十岁左右。

我觉得这次考试很简单,我应该能考到九十分上下。

十二点前后你来办公室找我吧!

活动

1 根据提示,回答下面的问题。

(1)你每天花多长时间学习汉语?(2～3个小时)

(2)你的爸爸每个星期工作多少个小时?(≈40个小时)

① 差不多:chàbuduō; A & Adv; almost, much the same

（3）你认识多少个汉字？（500 ～ 600 个汉字）

（4）你每天几点起床，几点睡觉？（≈ 6 点，≈ 11 点）

（5）你一共有多少双鞋子？（> 10，< 20）

（6）你家离学校多远？（开车，≈ 0.5 个小时）

（7）这个学校每个班有多少名学生？（≈ 15 名）

（8）你吃午饭一般花多少钱？（> 10，< 20）

2 为括号里的词语选择最合适的位置。

（1）A 300 个客人 B 参加了我们 C 上个月 10 号 D 的婚礼。（大约）

（2）我 A 每天 B 6 点起床，上班前一般会打 C 30 分钟 D 太极拳。（左右）

（3）我 A 二 B 十 C 年 D 前去过北京，那时的北京和现在很不一样。（几）

（4）去年 8 月 A，我们全家 B 去中国的几个 C 城市旅游了一次 D。（前后）

（5）这次考试很难 A，能够 B 考到 C 80 分 D 就很不错了。（上下）

（6）我放假了，A 过 B 天去 C 北京找你 D 玩儿。（两）

（7）A 这部电影 B 很长，C 有 3 个小时 D。（大约）

（8）我花了 A 3 个星期 B 才写完 C 这篇论文 D。（差不多）

四、主课文

01-1

两年前，刘强去德国留学，认识了里尔克。现在，里尔克来中国留学，刘强去看他。

刘　强： 里尔克！欢迎欢迎！怎么样，旅途还顺利吗？

里尔克： 很顺利！下了飞机，我坐机场大巴，差不多一个小时就到学校了。

刘　强： 太好了！你的行李多吗？

里尔克： 一个托运的大行李箱，一个随身的小行李箱，还有一个双肩包。

刘　强： 东西不少呢！

里尔克： 我要在这里学习一年，要用的东西很多，我全带来了。

刘　强：你需要的东西这里都能买到，只要你有钱。

里尔克：对，可是我没有太多的钱。

刘　强：你在德国不是经常打工吗？对了，你现在是留学生，不能随便打工。

里尔克：是啊。而且能来中国学习汉语是难得的机会，我想多花点儿时间学习。

刘　强：说得对！

（刘强看了看里尔克的房间）

刘　强：要生活一年，行李不可能少。如果只是旅游两个星期，就简单了。

里尔克：旅游的话，只要带几件衣服和一个照相机就行了。

刘　强：也对，也不对。

里尔克：什么意思？

刘　强：我们是男生，带的东西很简单。可是我妹妹不管去哪儿，都要带很多东西。

里尔克：对！女生不但要带衣服，还要带化妆品什么的。有的女生还带床单和毛巾。

刘　强：我认识一个男生，他每次住酒店都带床单和毛巾，他认为酒店的床单和毛巾都不干净。

里尔克：那他的行李一定很多。

刘　强：不。虽然他认为别人的东西都不干净，但他相信自己的东西一定很干净。别人每天都换衬衫，他三四天才换一次。一个星期的旅行，别人带四五件衬衫，他就只带一件。

里尔克：哈哈！这个人真有意思。

活动

1 分角色朗读课文，并回答下面的问题。

（1）里尔克带了几件行李来中国？

（2）里尔克为什么带那么多行李？

（3）如果是两个星期的旅行，里尔克的行李里可能会有什么？

（4）刘强的妹妹旅行的时候，行李里可能会有什么？

（5）刘强的那位男性朋友旅行的时候，行李里的东西跟别人的有什么不一样？

2 两人一组，练习对话。

说一说你来中国时行李里都带了哪些东西。你现在觉得哪些东西是必要的，哪些没必要。

3 把活动 2 中的对话整理好，写下来。

五、副课文

01-2

昨天下午两点半，我下了飞机，到了中国，开始一年的汉语学习。我要在中国学习一年，所以行李不少，一个托运的大箱子，一个随身的小箱子，还有一个双肩包。大箱子里全是穿的：衣服、裤子、鞋子。小箱子里放了一些我喜欢的书、雨伞、杯子、剃须刀什么的。我还带了照相机，我喜欢拍照。我的朋友说，我不用带这么多东西，因为这里都可以买到。中国那么大，如果有时间，我要去旅游。旅游的时候，我只需要带几件衣服和一个照相机就可以了。我不是女生，不需要带化妆品、零食、自己的床单和毛巾。出门的时候，我觉得行李越少越好。大部分你觉得"可能会用到"的东西，最后都不会用到。

补充词语

1	鞋子	xiézi	N	shoe/shoes
2	剃须刀	tìxūdāo	N	shaver

3	零食	língshí	N	snacks

活动

1 看一遍课文，判断对错。

(　　)(1) 昨天下午，"我"从中国来到德国。

(　　)(2) "我"带了两个箱子、一个双肩包。

(　　)(3) "我"的两个箱子里全是穿的。

(　　)(4) "我"还带了被子。

(　　)(5) "我"的朋友说，"我"还应该带更多的东西。

(　　)(6) 如果有时间，"我"想去旅游。

(　　)(7) 旅游时，女生可能会带化妆品、零食、床单和毛巾。

(　　)(8) 旅游时，大部分"可能会用到"的东西，都真的会用到。

2 听课文，完成填空。

(1) 昨天下午两点半，我下了飞机，到了中国，开始一年的________。

(2) 我要在中国学习一年，所以行李不少，一个________的大箱子，一个________的小箱子，还有一个双肩包。

(3) 我的朋友说，我不用带这么多东西，因为这里都可以________。

(4) 我不是女生，不________带化妆品、零食、自己的床单和毛巾。

(5) 出门的时候，我觉得行李________。大部分你觉得"________"的东西，最后都不会用到。

3 两人一组，复述课文。

一人复述，另一人提示或补充。

六、拓展练习

1 听一遍短文，回答下面的问题。 01-3

(1) 这个故事里出现了几个人？

（2）故事中的“我”遇到了什么问题？

（3）“我”的问题解决了没有？是怎么解决的？

2 阅读：行李箱的故事。

那一次，我和同事去上海出差。下了飞机，我们拿了托运的行李，很顺利地到了酒店。我们休息了一下就出去吃饭了，很晚才回到房间。这时，我发现我行李箱的密码锁坏了，我的密码记得清清楚楚，可就是打不开。我叫来了酒店的服务员，他花了半个多小时，好不容易才帮我打开了行李箱。可我还没高兴一秒钟，就发现行李箱里只有三四件男生的旧衣服！我的漂亮衣服、新照相机，还有我工作上的重要资料，全都没了！天啊，我在机场拿错了行李箱！可是，这个行李箱看上去跟我的完全一样。

我的好心情全没了！衣服和照相机还可以买，可是工作资料丢了，我的麻烦就大了！怎么办？就在这时，我的手机响了，是拿错我行李箱的人打来的。他从箱子里的本子上看到了我的手机号。我问他住在哪里，我要去跟他交换行李。真没想到，这个只托运了几件旧衣服的人，竟然住在上海最贵的酒店！

那一次，我懂得了一件事：贵的东西，重要的东西，一定要随身带，不能托运。

补充词语

1	密码	mìmǎ	N	password
2	锁	suǒ	N	lock
3	好不容易	hǎobù róngyì		with difficulty, finally
4	资料	zīliào	N	data, material
5	心情	xīnqíng	N	mood
6	交换	jiāohuàn	V	to exchange

7	想到	xiǎngdào		to think of
8	竟然	jìngrán	Adv	*indicating unexpectation*

◎ 问题：

（1）到宾馆后，“我”打开行李箱，看到里面有什么？

（2）“我”的行李箱里有什么？

（3）后来，“我”是怎么找到自己的行李箱的？

（4）那一次，“我”懂得了什么事？

3 写作训练。

请你在同学之间做一个调查，看看大家来中国时都带了哪些行李。关于行李，大家有什么经验或教训。用 200 ～ 300 字概括一下。

七、聚宝盆（请写下这一课你新学会的词语和句子）

第二课

开学第一周

一、热身

1. 开学第一周，你忙吗？你已经做了哪些事？还要做什么事？请从下面的选项中选择。

A 注册

B 找宿舍 / 租房子

C 布置房间 / 买生活用品

D 了解宿舍周围的环境

E 分班考试

F 买课本

G 体检

H 给家人报平安

I 交朋友

J 买自行车

K 买手机 / 买上网卡

L 上课

M 熟悉校园

N 其他：______________________________

2. 开学第一周，哪些事让你开心、兴奋？

3. 开学第一周，哪些事让你紧张、烦恼？

二、词语

1	开学	kāi xué	VO	School begins	9月1号开学
2	巧	qiǎo	A	coincidental, as it happens	真巧；很巧
3	听说	tīngshuō	V	it is said…; to hear about	
4	仔细	zǐxì	A	careful	仔细看；仔细想；仔细检查
5	差不多	chàbuduō	A & Adv	almost, much the same	跟……差不多；差不多高
6	肯定	kěndìng	Adv	surely, undoubtedly	肯定能；肯定来；肯定好吃
7	鼓励	gǔlì	V	to encourage	鼓励学生
8	交	jiāo	V	to pay, to hand in	
9	学费	xuéfèi	N	tuition fee	交学费
10	尽管	jǐnguǎn	Adv	just (do), don't hesitate to	尽管说；尽管拿
11	直达	zhídá	V	through, non-stop	北京直达上海的火车
12	家居	jiājū	N	house and home	
13	用品	yòngpǐn	N	article / articles for use	家居用品；办公用品

专名

1	王菲	Wáng Fēi	Wang Fei, a person' s name
2	田中爱子	Tiánzhōng Àizǐ	Tanake Akico, a person' s name

活动

1 下面的图片是一些交费的发票[1]，请找出各种发票对应的名称。

手机费发票　电费发票　水费发票　燃气费发票

____

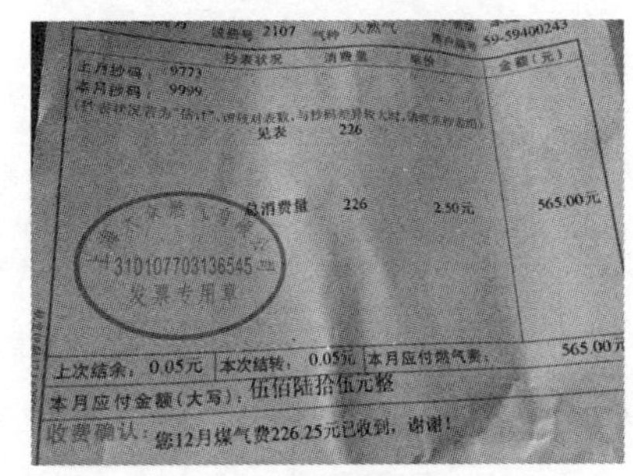

____

____

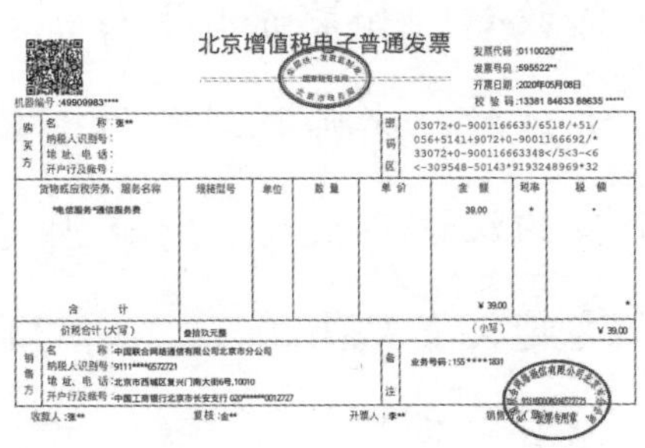

____

2 用“巧”或“不巧”改写下面的句子。

（1）我去王老师家找他，他正好刚回来。

____。

（2）我去王老师家找他，可是他不在家。

____。

（3）我的朋友这个周末结婚，请我参加婚礼。但我要加班，没时间去。

____。

（4）我想找个人一起去看电影，正好小明也想去看电影。

____。

3 模仿例句，学习“差不多”的用法，然后用“差不多”改写下面的句子。

例：我的行李 28 公斤，哥哥的行李 30 公斤。（重）

---

① 发票：fāpiào; N; bill, receipt

我的行李和哥哥的行李差不多重。

（1）我的身高是 1 米 75，他的身高是 1 米 76。（高）

____。

（2）我今年 21 岁，我同屋今年 22 岁。（大）

____。

（3）我家离学校 500 米远，他家离学校 600 米远。（远）

____。

4 选词填空。

尽管　肯定　鼓励　仔细　直达

（1）你放心，如果你有困难，我________会帮你。

（2）考试时，老师让我们做完以后要________检查。

（3）我的汉语不太好，但老师总是________我，让我有信心学下去。

（4）这趟火车从上海________北京，中间不停。

（5）你有困难________说，我们都会帮助你。

三、语言点

副词小结（一）“就”“才”“都”“也”

Summary of adverbs (1): “就”, “才”, “都”, and “也”

1. “就”

（1）表示说话人认为人或事物的数量比较少。例如：

It indicates that the speaker thinks the number of people or things is small. For example:

这个活动，别的班都去了很多人，我们班就去了两个人。

我很饿，可是冰箱里就一瓶啤酒，别的什么都没有。

（2）表示说话人认为动作发生得早、快、容易。例如：

It indicates that the speaker thinks the action happened early, quickly, or easily. For example:

这孩子六个月就会说话了，真厉害！

昨天我特别累，晚上八点就睡了。

（3）加强肯定或者否定的语气。例如：

It emphasizes an affirmative or negative tone. For example:

学生：请问哪一位是王老师？我找他有点儿事。

王老师：我就是，你有什么事？

爸爸：今天中午我们吃面条儿，好不好？

孩子：太好了，我就喜欢吃面条儿！

妈妈：你要多吃蔬菜，多吃蔬菜对身体好。

孩子：我就不！我要吃肉！

（4）用在"如果……就……""只要……就……""一……就……"格式里。例如：

It is used in the pattern "如果……就……", "只要……就……", "一……就……". For example:

如果你还需要什么东西，就告诉我。

只要你认真做，就一定能做好。

他一下课就去了图书馆。

2. "才"

（1）表示说话人认为人或事物的数量比较少。例如：

It indicates that the speaker thinks the number of people or things is small. For example:

他们班有十五个男生，我们班才三个。

昨天晚上我才睡了三个小时，现在我特别困。

（2）表示说话人认为动作发生得晚、慢、难。例如：

It indicates that the speaker thinks the action happened late, slowly, or with difficulty. For example:

他昨天晚上十一点才回家。

他花了半小时就做完了作业，我花了三个小时才做完。

（3）表示动作在不久以前发生。例如：

It indicates the action happened just a short time ago. For example:

我才认识她几天，对她不太熟悉。

他们上个星期才认识，这个星期就结婚了！

（4）用在“只有……才……”格式里。例如：

It is used in the pattern “只有……才……”. For example:

只有通过 HSK 四级考试，才可以进入这个班级学习。

只有自己做过，才知道有多么困难。

3.“都”

（1）表示范围，用来总括“都”前面提到的人或事物。例如：

It indicates the range and is used to sum up the people or things mentioned before “都”. For example:

这些孩子都爱唱歌，而且都唱得很好。

他喜欢喝酒，每天晚上都喝。

（2）表示“已经”的意思。例如：

It means “already”. For example:

现在都 12 点了，可是我一点儿也不想睡觉。

我们都 5 年没有见面了，这次一定要好好儿聚一聚！

（3）用在“连……都 / 也……”格式里。例如：

It is used in the pattern “连……都 / 也……”. For example:

他太忙了，连打个电话回家的时间都没有。

我太饱了，连一口水也喝不下了。

4.“也”

（1）表示类同。例如：

It indicates similarity. For example:

昨天下雨，今天也下雨，希望明天不要再下雨了。

我不知道你们在干什么，也不想知道。

（2）用在“连……都 / 也……”格式里。例如：

It is used in the pattern “连……都 / 也……”. For example:

这个问题太简单了，连小孩儿都知道。

他这次考试前，连书也没看。

活动

选择合适的副词填空。

就　　才　　都　　也

（1）只有学好了汉语，________能真正理解中国传统文化。

（2）这件事并不难。别人能做到，你________能做到。

（3）这位________是我们这学期的口语老师，他上课很有趣。

（4）我的家人、朋友、同学________参加了我的生日晚会，我特别高兴。

（5）我一到家________发现自己的手机丢了。

（6）以前的孩子很少近视①，可现在连很多小学生________近视。

（7）你要请我吃饭？可是你的钱包里________五块钱。

（8）我每天________要坐一个半小时的地铁上班。

（9）我叫了他三遍他________听到。

（10）你只有自己试一试，________知道这件事难在什么地方。

（11）这么大的房子，________你一个人住，你不害怕吗？

（12）他身体不舒服，晚饭________吃了一片面包。

（13）我们________是二十年的老邻居了，互相非常了解。

（14）我________喜欢吃辣的菜！所以我常常去川菜馆。

（15）这种点心我吃过，你________来尝尝。

（16）只要你真的努力了，________一定不会做得太差。

（17）他________七十多岁了，还每天都工作八个小时。

（18）这孩子特别聪明，不管什么，一学________会。

（19）你是中学生，怎么连小学生的数学题________不会做呢？

（20）你________学了一年中文，就能用中文写诗了！太厉害了！

（21）你看过这部电影？你觉得好看吗？我明天________去看。

（22）我们从早上七点________开始学习了。

（23）他三岁________开始学习游泳了。

（24）他比赛得了第一名，高兴得连自己姓什么________忘了。

（25）只有把这些书全部看完，________能开始写论文。

① 近视：jìnshì; A; myopic

四、主课文

02-1

开学第一周的周四中午，王菲在食堂遇到了田中爱子。

王　　菲：爱子！真巧，你也在食堂吃午饭啊？

田中爱子：我们的教室就在旁边，在这里吃很方便。

王　　菲：听说很多留学生都去学校附近的小饭店吃。

田中爱子：下午没有课的话，我也去那里；有课的话，我就在食堂吃。

（她们坐下来，边吃边聊）

王　　菲：你上课还好吗？听得懂吧？

田中爱子：老师讲得很仔细，可是讲得有点儿快，我听得有点儿累。同学们有的比我好，有的跟我差不多。

王　　菲：现在才第一周，别着急，很快你就会习惯的。作业多不多？

田中爱子：我每天都要花一个小时左右才能做完作业。我还花半个小时预习。

王　　菲：你这么认真，肯定能学好。

田中爱子：谢谢你的鼓励！我会努力的！

王　　菲：开学第一周，是不是感觉特别忙？

田中爱子：是啊，这一周我做了不少事情呢！

王　　菲：说来听听。

田中爱子：我注册了，交了学费，办好了新的银行卡，买好了新的手机，还买了很多日用品。我也了解了周围的环境，知道了教室和图书馆在哪儿。我还知道了在哪儿买东西、在哪儿吃饭、在哪儿运动、在哪儿坐地铁和公交车。

王　　菲：厉害！才几天就做了这么多事。有什么需要我帮忙的，尽管说，别客气！

田中爱子：我还想买一些家居用品。现在我的房间里只有床、柜子、书桌、椅子，其他都没有。你知道在哪儿买吗？

王　　菲：你在学校门口坐地铁10号线，就可以直达一个很不错的家居用品超市。

田中爱子：这么方便！那我周六下午去买吧。

王　　菲：周六下午我没什么事，可以和你一起去。

田中爱子：那太好了！周六下午一点，学校门口见！

活动

1　分角色朗读课文，并回答下面的问题。

（1）田中爱子这天中午在哪里吃的饭？为什么？

（2）田中爱子对上课的感觉怎么样？

（3）田中爱子课后花多长时间学习？

（4）田中爱子这几天做了哪些事情？

（5）田中爱子这个周末要做什么事情？

2　用所给的词语改写下面的句子。

（1）这里有很多巧克力，你想吃多少就吃多少。（尽管）

______________________________。

（2）你心里想什么，就说什么，我不会生气的。（尽管）

______________________________。

（3）坐139路车可以从学校门口直接到火车站。（直达）

______________________________。

（4）我的飞机是从上海直接飞到旧金山的。（直达）

______________________________。

（5）银行下午五点关门，五点半去取钱，应该不行。（肯定）

______________________________。

（6）你这么聪明，这么简单的工作，怎么不能做？（肯定）

____。

（7）有人告诉我，中国很大，南方人和北方人的生活习惯不太一样。（听说）

____。

（8）有人告诉我，下周只上三天课。（听说）

____。

3 两人一组，练习对话。

谈一谈开学第一周你做了哪些事情，还需要做哪些事情。

4 把活动 3 中的对话整理好，写下来。

五、副课文

02-2

我来到这个大学一周了。这一周我一直在忙，没有停过。

从日本来到中国，一到学校我就先去注册、交学费，然后住进了宿舍。

第二天，我参加了分班考试、买了课本，又去附近的超市买了生活用品。

第三天，我们就开始上课了。老师讲课很仔细，可是她讲得有点儿快，我听得很累。所以我每天做完作业后还需要预习，这样第二天听课会轻松一些。

第四天，我买了中国的手机和手机卡，生活方便了很多！还有，这个学校太大了，从宿舍到教室要走 20 分钟，从教室到图书馆要走 10 分钟。很多中国学生都买了自行车，在校园里骑。让我高兴的是，中国的很多城市现在流行“共享单车”，学校里和城市的很多地方都有共享单车。只要在手机上下载一个共享单车的应用软件，想骑车的时候，打开这个应用软件就可以了，一次只要几毛钱！

这个周末，王菲会带我去一个家居用品超市，我要买一些东西，让我的房间更漂亮、更舒适！

下个星期，我要继续熟悉环境、熟悉同学。我想多认识一些校内的中国学生和校外的本地人，多跟他们聊天儿。我相信，课外学习和课堂学习一样重要！

补充词语

1	共享单车	gòngxiǎng dānchē		bicycle sharing
2	下载	xiàzài	V	to download
3	应用软件	yìngyòng ruǎnjiàn		application (software)

活动

1 看一遍课文，判断对错。

(　　)(1) 开学第一周，“我”的事情不太多。

(　　)(2)“我”参加了分班考试，但还没开始上课。

(　　)(3) 第三天，“我”买了手机。

(　　)(4)“我”买了一辆共享单车。

(　　)(5) 王菲带“我”去了一个家居用品超市。

(　　)(6) 如果有时间，“我”想去旅游。

(　　)(7)“我”新交了一个中国朋友。

(　　)(8)“我”觉得课外学习也非常重要。

2 再看一遍课文，回答下面的问题。

(1)“我”第一周的每一天分别做了哪些事情？

(2)“我”周末要做什么事情？

(3) 下一周，“我”有什么打算？

(4) 再过段时间，“我”有什么打算？

3 两人一组，复述课文。

一人复述，另一人提示或补充。

六、拓展练习

1 听一遍短文，判断对错。 02-3

（　　）（1）“我”在自动取款机上取了现金。

（　　）（2）“我”发现卡没有了，马上去了银行。

（　　）（3）老师也不知道该怎么办。

（　　）（4）银行的工作人员帮“我”挂失了银行卡。

（　　）（5）一个中国学生把“我”的卡送到了银行。

（　　）（6）这件事让“我”很感动。

2 再听一遍短文，回答下面的问题。 02-3

（1）这个故事讲了一件好事还是坏事？

（2）“我”丢了什么？

（3）“我”的东西找到了没有？

3 阅读：银行卡回来了。

刚来中国的时候，我的中文很差，什么也看不懂，什么也听不懂，心里很紧张。

开学第二周的一天，我在附近的中国银行自动取款机上取了钱。半个多小时后，我才发现我没有把银行卡拿回来！我回到自动取款机那里，银行卡已经不见了。我只好找老师帮忙，老师和我一起去了附近的中国银行营业厅。工作人员又查电脑又打电话，然后告诉我们，银行卡不在自动取款机里，可能被别人拿走了。

我的银行卡不是中国的，不能在中国挂失，我要打电话给自己国家的银行才行，太麻烦了！回到房间后，我一个人坐着，特别想哭。这时，我的手机响了，我接起来，却听不懂。过了一会儿，电话又来了。这次对方说英语，我才听明白，一个中国学生发现了我的银行卡，把它送到了中国银行的营业厅。

现在，我在中国住了快两年了。我已经爱上了中国，还交了很多中国朋友。你问我中文学得怎么样？如果需要的话，我下次可以帮你去跟中国人吵架。不过，我可不希望你跟中国人吵架！

补充词语

1	自动取款机	zìdòng qǔkuǎnjī		ATM
2	取	qǔ	V	to withdraw (cash)
3	营业厅	yíngyètīng	N	business hall
4	挂失	guà shī	VO	to report the loss of (a card, check, etc.)
5	吵架	chǎo jià	VO	to quarrel

专名

中国银行	Zhōngguó Yínháng	Bank of China

◎ 问题：

（1）“我”的银行卡是怎么丢的？

（2）丢了银行卡后，“我”做了哪些事情？

（3）“我”的银行卡是怎么回来的？

4 写作训练。

请你在同学之间做一个调查，看看大家觉得开学第一周最麻烦的事情是什么，最开心的事情是什么。用 200 ～ 300 字概括一下。

七、聚宝盆（请写下这一课你新学会的词语和句子）

第三课 你想喝什么？

一、热身

1. 在你们国家，除了喝水，人们还喜欢喝什么？
2. 你最喜欢喝什么？有多喜欢？
3. 有人早餐时一定要喝咖啡、看书时一定要喝茶，你有这样的习惯吗？

二、词语

1	添麻烦	tiān máfan		to bother, to trouble	给……添麻烦
2	有朋自远方来，不亦乐乎	yǒu péng zì yuǎnfāng lái, bú yì lè hū		Isn't it a great pleasure to have friends coming from afar?	
3	咖啡	kāfēi		coffee	喝咖啡
4	红茶	hóngchá	N	black tea	
5	绿茶	lǜchá	N	green tea	
6	菊花茶	júhuāchá	N	chrysanthemum tea	
7	龙井茶	lóngjǐngchá	N	*longjing* tea, Dragon Well tea	
8	推荐	tuījiàn	V	to recommend	
9	茶壶	cháhú	N	teapot	
10	茶杯	chábēi	N	teacup	

11	香味	xiāngwèi	N	fragrance, scent	香味很浓
12	口感	kǒugǎn	N	taste, flavor	口感很好
13	等级	děngjí	N	class, grade	
14	速溶	sùróng	V	to be instant, to dissolve quickly	速溶咖啡
15	袋泡茶	dàipàochá	N	tea bag	
16	挂耳咖啡	guà'ěr kāfēi		instant drip coffee	
17	胶囊咖啡	jiāonáng kāfēi		coffee capsule	
18	手冲咖啡	shǒuchōng kāfēi		pour-over coffee	

活动

1 给下面的图片找出相应的词语。

（1）绿茶　　红茶　　菊花茶

__________　　__________　　__________

（2）茶　　果汁　　咖啡

__________　　__________　　__________

（3）茶叶　　茶壶　　茶杯

__________　　__________　　__________

（4）手冲咖啡　　速溶咖啡　　挂耳咖啡　　胶囊咖啡　　袋泡茶

__________　　__________　　__________

__________　　__________

2 选择正确的答案。

（1）下面哪一句不能用来完成对话？（　　）

——我来做客，给你们添麻烦了。

——__________

A 不麻烦不麻烦，很欢迎你来！

B 有一点儿麻烦，没关系！

C 哪儿的话，有朋自远方来，不亦乐乎！

D 你能来，我们很高兴！

（2）我们想找两位同学做一些英汉翻译的工作。你可以__________几个吗？

A 告诉　　B 推荐　　C 发现　　D 要求

三、语言点

副词小结（二）“还”“又”“再”

Summary of adverbs (2): “还”, “又”, and “再”

1. “还”

（1）表示动作或状况继续存在。例如：

It indicates the continuation of an action or a state. For example:

我已经10年没见过他了，可是我还记得他的样子。

你已经睡了15个小时了，怎么还想睡？

（2）表示有内容要补充。例如：

It indicates there is something to add. For example:

在北京，我们参观了天安门、故宫，还去了长城。

你除了会睡觉、吃饭，还会做什么？

（3）表示程度更高。例如：

It indicates a greater degree. For example:

这个8岁的孩子比10岁的孩子还高。

这个小孩子吃得比大人还多。

（4）表示勉强过得去。例如：

It indicates being passable. For example:

我爷爷的身体还好，没有什么大病。

我的工作还可以，不是特别累。

2. “又”

（1）表示同一动作、情况重复发生。例如：

It indicates the repetition of an action or a situation. For example:

昨天他迟到了，今天他又迟到了。

他们上一次足球比赛就输了，这一次又输了。

（2）表示两种情况同时存在。例如：

It indicates two conditions co-exist. For example:

孩子们又唱又跳，特别高兴。

这个学生又聪明又努力，学习很好。

（3）常常跟否定式连用，加强语气。例如：

It is often used to emphasize a negative tone. For example:

你又没跟我说过这件事，我怎么会知道！

你又不是我，你怎么会明白我的感觉！

3. “再”

（1）表示同一动作在将来的重复或继续。例如：

It indicates the repetition or continuation of an action in the future. For example:

这种饮料味道真好，我可以再喝一杯吗？

作业今天肯定写不完了，明天再写吧。

（2）表示程度提高，后面有表示程度的词语。例如：

It indicates a greater degree, usually followed by a word of degree. For example:

我的耳朵不太好，请你再大声一点儿！

我要再努力一些，进步再快一些。

（3）同否定词连用，表示动作不重复或不继续下去，否定词在“再”后时，语气更强。例如：

It is used together with a negative word, indicating an action is not repeated or continued. The tone is stronger when the negative word is used after “再”. For example:

他走了之后，就没再来过。

你没有一句话是真的，我再也不相信你了！

刚才吃的葡萄太酸了，我再也不想吃第二个了！

（4）表示某件事情现在不做，以后做，“再”的前面或后面常有表示时间的提示短语。例如：

It indicates that something will be done in the future rather than now, and “再” is preceded or followed by a temporal phrase. For example:

这个星期我太忙了，我们下个星期再见面吧。

先吃饭，吃完饭再看电视。

活动

1 选择合适的副词填空。

还　　又　　再

（1）把房间整理好________看书。

（2）三个多小时了，他的作业________没有做完。

（3）昨天她迟到了，今天她________迟到了。

（4）这里的景色比画________美。

（5）你________不是我，你怎么知道我有多累！

（6）这个周末，我有钢琴课、书法课，________有游泳课和足球课。

（7）他们打算先结婚，________买房子。

（8）昨天我忘了带手机，今天________忘了。

（9）新房子不太大，可是周围环境________可以，而且交通很方便，我很喜欢。

（10）这个月，我的钱快花光了，新自行车下个月________买吧。

（11）如果你把字写得________大一点儿，就更漂亮了。

（12）这是小宝宝第一次叫"妈妈"，妈妈________惊________喜！

2 模仿例子填空，并完成句子。

例：又高又大 —— 这个小伙子长得又高又大，很帅。

又唱又跳 —— 孩子们又唱又跳，玩儿得非常开心。

（1）又红又____　　树上的苹果________________________。

（2）又黑又____　　她的头发________________________。

（3）又长又____　　这条大路________________________。

（4）又白又____　　小宝宝长得________________________。

（5）又____又____　　________________________。

（6）又____又____　　________________________。

四、主课文

03-1

里尔克去刘强家里做客。

刘强妈妈：欢迎你，里尔克！

里 尔 克：谢谢！我来你们家，给你们添麻烦了。

刘强爸爸：中国人说“有朋自远方来，不亦乐乎！”就是说，有朋友从很远的地方来，是很高兴的事。

里 尔 克：谢谢！谢谢！

刘强妈妈：请坐！你喝点儿什么？茶、果汁还是咖啡？

里 尔 克：可以的话，我喝茶吧。

刘强妈妈：好！你要红茶、绿茶还是花茶？

里 尔 克：我不太懂。去饭店吃饭的时候，我喝过菊花茶。

刘　　强：我爸爸喜欢喝绿茶，我妈妈喜欢喝红茶，我不经常喝茶。你喝过菊花茶，今天再尝尝绿茶吧！这是我爸爸喜欢的龙井茶。

里 尔 克：那就喝你推荐的吧。

（刘强妈妈拿来一个茶壶和四个茶杯，她为里尔克倒了一杯，里尔克喝了一口）

里 尔 克：真香！茶的颜色绿绿的，真漂亮！

刘强爸爸：龙井茶是越新鲜越香的，这是上个月才出的新茶。

里 尔 克：现在我明白中国人为什么那么喜欢喝茶了！我可以再喝一杯吗？

刘强妈妈：当然可以！你喜欢喝，太好了！除了红茶、绿茶、花茶，中国还有很多别的茶。不同的茶，香味、口感也不同。同一种茶，也有不同的等级，很多中国人也弄不清楚。

里 尔 克：好复杂！不过，现在有越来越多的外国人开始喝中国茶了。

刘　　强：喜欢喝咖啡的中国人也越来越多。上个星期，学校附近又开了一家咖啡店，这已经是第五家了！

里 尔 克：听说，中国人常常在家里喝“速溶咖啡”。

刘　　强：对！速溶咖啡虽然不是最好的咖啡，但是又方便又便宜。中国人喝速溶咖啡，跟西方人喝袋泡茶差不多。现在，很多中国人也喝挂耳咖啡、胶囊咖啡，还有一些人喝手冲咖啡。

里 尔 克：他们比我厉害！真要谢谢你们请我喝真正的中国好茶！

刘　　强：别客气！等一会儿，我爸爸还要请你喝真正的中国好酒呢！

活动

1 模仿例句，学习“越……越……”的用法，然后完成句子。

例：龙井茶越新鲜越香。

很多人觉得，小宝宝越胖越可爱。

（1）这种苹果越____越____，所以我总是买大的，不买小的。

（2）喜欢吃臭豆腐[①]的人都认为：臭豆腐闻着越____吃着越____。

（3）“一分价钱一分货”的意思是，一般来说，东西的价格越____质量就越____。

2 分角色朗读课文，并回答下面的问题。

（1）刘强爸爸、刘强妈妈分别喜欢喝什么茶？

（2）里尔克在哪里喝过茶？他喝的是什么茶？

（3）刘强爸爸请里尔克喝了什么茶？这种茶有什么特点？

（4）最方便的茶是什么茶？最方便的咖啡是什么咖啡？

① 臭豆腐：chòudòufu; N; stinky tofu, a form of fermented tofu

3 两人一组，练习对话。

你喜欢喝什么？不喜欢喝什么？为什么？

4 把活动 3 中的对话整理好，写下来。

五、副课文

 03-2

今天，我去刘强家做客了。刘强爸爸和妈妈都喜欢喝茶，他们请我喝了龙井茶，我第一次喝到这么好喝的茶！茶的香味很好闻，颜色也很漂亮，跟我以前在饭店里喝的免费茶完全是两回事。

中国的茶有很多种，除了绿茶、红茶、花茶，还有白茶、黑茶等，每一种茶又分不同的等级。不同的茶要用不同温度的水、不同种类的茶壶，太复杂了！西方人常常喝袋泡茶，就像中国人喝速溶咖啡一样。大部分中国人家里没有咖啡机，也不太清楚咖啡的种类和特点。很多中国人受不了咖啡的苦味，他们觉得速溶咖啡不错，不但方便、便宜，而且又香又甜。其实，茶也是苦的！不过，茶的苦和咖啡的苦又不一样。

说到茶和咖啡，我又想到酒。对不喜欢喝酒的人来说，酒也是苦的，或者是辣的；而喜欢喝酒的人却觉得酒是香的。不同的人从相同的酒里能喝出不同的味道。

补充词语

1	咖啡机	kāfēijī	N	coffee machine
2	受不了	shòu bu liǎo		cannot bear/stand
3	苦	kǔ	A	bitter
4	辣	là	A	hot, spicy

活动

1 看一遍课文，判断对错。

（　　）（1）里尔克去刘强家做客，第一次喝了茶。

（　　）（2）里尔克在刘强家喝的茶味道非常好。

（　　）（3）红茶、绿茶、白茶、花茶是不同等级的茶。

（　　）（4）中国人经常喝袋泡茶。

（　　）（5）中国人喜欢喝速溶咖啡。

（　　）（6）中国人觉得茶是苦的，酒是香的。

2 再看一遍课文，回答下面的问题。

（1）为什么说中国的茶很复杂？

（2）中国人为什么喜欢喝速溶咖啡？

（3）喜欢喝酒的人和不喜欢喝酒的人，对酒有什么不一样的感觉？

3 听课文，完成填空。

（1）我第一次喝到这么______的茶！茶的香味很______，颜色也很______，跟我以前在饭店里喝的免费茶完全是______。

（2）中国的茶有很多种，除了绿茶、红茶、______茶，还有______茶、______茶等，每一种茶又分不同的等级。

（3）很多中国人受不了咖啡的苦味，他们觉得速溶咖啡不错，不但______、______，而且______。其实，茶也是______的！

（4）对不喜欢喝酒的人来说，酒也是______的，或者是______的；而喜欢喝酒的人却觉得酒是______的。

六、拓展练习

1 听一遍短文，判断对错。 03-3

（　　）（1）中国人认为，天下最重要的事就是“食”。

（　　）（2）不同的人在不同的地方、不同的时间会喝不同的东西。

(　　)(3)减肥的人最好喝果汁和酒。

(　　)(4)减肥的人最好不喝牛奶和咖啡。

(　　)(5)减肥的人可以喝茶和水。

(　　)(6)减肥的人最好喝西北风。

2 再听一遍短文，回答下面的问题。 03-3

(1)小丽最近在做什么事?

(2)小丽不喝什么?为什么?

(3)小丽喝什么?为什么?

3 阅读：减肥喝什么。

中国有句话："民以食为天。"也就是说，"食"是天下第一大事。"食"，指吃的，人不吃饭会饿死；"饮"，指喝的，人不喝水会渴死。

在生活中，除了水，不同的人在不同的地点、不同的时间，因为不同的原因，还会喝各种各样不同的东西，比如果汁、牛奶、咖啡、茶、酒、汤、药等。

我的朋友小丽最近正在减肥，她特别注意"卡路里"的问题，吃的东西要低热量，喝的也一样。她不喝酒，不喝果汁，因为酒和果汁的卡路里比较高。牛奶，她只喝脱脂的；咖啡，她只喝黑咖啡。她常喝的是蔬菜汁，又有营养，热量又低。最近她还爱上了喝茶，比如绿茶，又健康又可以减肥。当然，她喝得最多的还是水。听说，要想身体健康，每天要喝八杯水。每次吃饭前，小丽都先喝一大杯水，这样就觉得不太饿了，吃饭的时候可以少吃一些。再说，所有能喝的东西里，有比水的热量还低的吗?如果一定要说有，那只能是西北风了。中国人不是常常说嘛："他呀，穷得只能喝西北风了!"

补充词语

1	减肥	jiǎn féi	VO	to lose weight

2	民以食为天	mín yǐ shí wéi tiān		People regard food as their prime want.
3	卡路里	kǎlùlǐ	M	calorie
4	热量	rèliàng	N	quantity of heat
5	脱脂	tuō zhī	VO	(to be) fat-free
6	蔬菜	shūcài	N	vegetable/vegetables
7	营养	yíngyǎng	N	nutrition

◎ 问题：

（1）根据短文，猜猜“喝西北风”是什么意思？

（2）减肥的人，你建议他喝什么，不喝什么？

（3）增肥的人，你建议他喝什么，不喝什么？

4 写作训练。

请你在同学之间做一个调查，看看大家最喜欢喝什么，是否每天都喝，喝多少，它的价格是多少。用 200 ～ 300 字概括一下。

七、聚宝盆（请写下这一课你新学会的词语和句子）

第四课

你喜欢什么运动？

一、热身

1. 听范晓萱的《健康歌》。
2. 说说歌词大意。
3. 你觉得你的身体健康吗？和运动不运动关系大吗？

二、词语

1	健康	jiànkāng	A	healthy	身体健康
2	精神	jīngshen	A & N	vigorous; vigor	有精神；很精神
3	却	què	Adv	but, however	
4	相反	xiāngfǎn	A	opposite, on the contrary	跟……相反
5	量	liàng	N	quantity, a mount	热量；运动量；食量
6	爬山	pá shān		to climb a mountain	
7	滑雪	huá xuě	VO	to go skiing, to ski	
8	出汗	chū hàn		to sweat	出一身汗；出冷汗
9	马拉松	mǎlāsōng	N	marathon	跑马拉松；马拉松比赛
10	不管	bùguǎn	Conj	no matter (what, how, etc.)	不管……都……；不管……也……

11	重视	zhòngshì	V	to attach importance to	

活动

1 看下面的图片，为每一项运动找出相应的词语。

跑步　游泳　打羽毛球　打乒乓球

打篮球　踢足球　跳远　跳高　滑雪　溜冰　骑自行车

______

______

______

______

______

______

______

______

______

______

______

2 上面提到的运动，你最喜欢哪一种？你还喜欢其他什么运动吗？

3 选词填空。

出汗　　重视　　却

（1）说到健康，除了身体健康，我们还要________心理健康。

（2）你不让我吃糖，你自己________在吃！

（3）今天很热，我只运动了 10 分钟就________了。

4 模仿例句，学习“不管”的用法，然后完成句子。

例：不管你爱不爱吃，你都得吃，这是药，你没有选择。

不管你同意不同意，我都会去做，我已经决定了。

不管结果是什么，我都要去试一试。

不管刮风下雨，他都坚持跑步。

（1）不管____________，我都一定会把这件事做完。

（2）不管____________，小明都不应该打小华。

（3）不管是什么运动，他都__________________。

（4）女朋友做的菜，不管好吃不好吃，__________________。

5 用“不管”改写下面的句子。

（1）我一定要学习音乐，父母同意最好，父母不同意我也要学。

____。

（2）我每天早上都去公园跑步，晴天跑，雨天也跑，天气热跑，天气冷也跑。

____。

（3）如果可以，我很愿意帮助别人。老人、小孩儿、男人、女人、富人、穷人……所有有需要的人我都愿意帮助。

____。

6 模仿例句，学习“跟……相反”的用法，然后用“跟……相反”完成句子。

例：我妹妹很喜欢吃甜的东西，我跟她相反，我讨厌吃甜的东西。

北半球，7 月是夏天，是最热的时候。南半球跟北半球相反，7 月最冷。

（1）哥哥非常胖，弟弟____________，非常瘦。

（2）我爸爸走路特别快，我妈妈＿＿＿＿＿＿，喜欢慢慢地走。

三、语言点

复合趋向补语

Compound directional complements

1. 复合趋向补语

趋向动词“上、下、进、出、回、过、起”后加上“来”或者“去”，放在另一个动词后面做补语，叫作复合趋向补语，表示动作的趋向。常见的复合趋向补语有：上来、上去、下来、下去、进来、进去、出来、出去、回来、回去、过来、过去、起来。

If a directional verb, such as “上”, “下”, “进”, “出”, “回”, “过”, and “起”, is followed by “来” or “去” and used together after another verb as a complement, it is known as a compound directional complement, which indicates the direction of an action. Common compound directional complements include “上来”, “上去”, “下来”, “下去”, “进来”, “进去”, “出来”, “出去”, “回来”, “回去”, “过来”, “过去”, and “起来”.

2. 复合趋向补语与宾语的位置

Positions of the compound directional complement and the object

动词后既有复合趋向补语，又有宾语时，宾语的位置有以下几种情况。

If a verb is followed by both a compound directional complement and an object, the object may be put in the following positions.

（1）如果宾语表示处所或者位置，那么宾语应该放在复合趋向补语的中间（“来”或“去”之前）。例如：

If the object indicates a place or position, it is used in the middle of the compound directional complement (before “来” or “去”). For example:

山 ＋爬上去 ➔ 爬上山去（了）　（“山” is put before “去”）
教室＋走进来 ➔ 走进教室来（了）　（“教室” is put before “来”）
教室＋走出去 ➔ 走出教室去（了）　（“教室” is put before “去”）
房间＋跑回去 ➔ 跑回房间去（了）　（“房间” is put before “去”）

（2）如果宾语表示人或事物，那么宾语可能有三种位置。

If the object indicates somebody or something, it may be used in three positions.

序号	格式	例句	意义
1	动词 + 宾语 + 复合趋向补语 V + O + Compound directional com-plement	（请你）拿一张纸出来。	纸还没有拿出来。
		（他会）开一辆新车回来。	车还没有开回来。
	动词 + 了 + 宾语 + 复合趋向补语 V + 了 + O + Compound directional complement	（她）拿了一张纸出来。	纸已经拿出来了。
		（他）开了一辆新车回来。	车已经开回来了。
2	动词 + 复合趋向补语 + 宾语 V + Compound directional com-plement + O	（她）拿出来一张纸。	纸已经拿出来了。
		（他）开回来一辆新车。	车已经开回来了。
3	动词 + 趋向动词 + 宾语 + 来 / 去 V + Directional verb + O + 来 / 去	（她）拿出一张纸来。	纸已经拿出来了。
		（他）开回一辆新车来。	车已经开回来了。

活动

模仿例句，写出正确的带有宾语和复合趋向补语的句子。

例 1：一辆汽车　开　大门　进来

一辆汽车开进大门来。

例 2：他　拿　一本书　出来

他拿出来一本书。　（书已经拿出来了）

他拿出一本书来。　（书已经拿出来了）

他拿了一本书出来。　（书已经拿出来了）

老师让他拿一本书出来。　（书还没拿出来）

（1）孩子　跑　房间　进来

________________________________。

（2）妈妈　拿　一封信　出来　（信已经拿出来了）

________________________________。

（3）带　一个女朋友　回来

（哥哥没有女朋友，奶奶希望哥哥快点儿找一个女朋友）

奶奶让哥哥______________________________。

（4）孩子　踢　一个球　过来　（球已经踢过来了）

______________________________。

（5）那群人　爬　那座山　上去

______________________________。

（6）发言的学生　走　讲台　上去

______________________________。

（7）风筝　飞　天　上去

______________________________。

（8）爸爸　带　一个好消息　回来　（爸爸已经把消息告诉我们了）

______________________________。

四、主课文

04-1

里尔克在刘强家里做客，跟刘强的爸爸妈妈喝茶、聊天儿。

刘强爸爸：来，喝茶。这是最新的龙井茶，你喝喝看。

里 尔 克：真香！喝下去以后，感觉很舒服。

刘强爸爸：对！累了，喝一杯热茶下去，人马上就精神了；吃得太饱了，喝一杯热茶下去，胃马上就舒服了。喝茶对身体很好！

里 尔 克：说到对身体好，我觉得运动很重要。

刘强爸爸：你说得对。我很喜欢运动，刘强妈妈却跟我相反，她不爱运动。

刘强妈妈：我不喜欢跑步、打球什么的，可是我天天跳舞，也是运动啊！

里 尔 克：您喜欢跳舞？

刘强妈妈：小时候，我特别想学跳舞，可是家里穷，没有钱学。后来我工作、结婚、有了孩子，又没有时间学。现在刘强大了，我工作也不忙了，我就去学跳舞了。

里 尔 克：太好了！我也认为跳舞是一种运动。

刘强妈妈：就是！跳舞时身体一直在动，运动量还不小呢！怎么不算运动？

刘强爸爸：我说的运动是打球、跑步、游泳、爬山、滑雪这些。如果动一动身体就算运动，那我从房间里搬一把椅子出来算不算运动？

刘强妈妈（笑）：搬一把椅子出来不算运动，搬十把椅子出来就算！

刘　　强：好了好了，妈妈说得对，爸爸也没错。我最喜欢打篮球。跟朋友们打一场球，出一身汗，洗一个澡，真是舒服！

里 尔 克：听说最近中国人流行跑步，很多人还跑马拉松呢。

刘强爸爸：对！以前看到外国人一个人跑步，我很不理解，一个人跑，多无聊！可现在啊，跑步的人越来越多了。

刘强妈妈：不管是一个人跑步，还是一群人打球，只要是运动，就是好事！

里 尔 克：说得对！我发现中国人不管男女老少，都挺爱运动的。

刘　　强：现在人们生活好了，更重视健康了，爱运动的人一定会越来越多！

活动

1 填写合适的量词。

出一______汗　　打一______球　　洗一______澡

喝一______茶　　爬一______山　　滑一______雪

跑一______马拉松

2 分角色朗读课文，并回答下面的问题。

（1）刘强爸爸为什么喜欢喝茶？

（2）关于运动，刘强爸爸和刘强妈妈有什么不同的看法？

（3）刘强爸爸、刘强妈妈、刘强分别喜欢什么运动？

（4）里尔克觉得中国人爱运动吗？

3 两人一组，练习对话。

说一说你的家人喜欢什么运动，有什么运动的习惯。

4 把活动 3 中的对话整理好，写下来。

五、副课文

04-2

现在，中国人的生活水平提高了，人们比以前更重视身体健康了。除了饮食，人们也重视运动。早上的公园里，大爷在打太极拳，大妈在跳舞；晚上的健身房里，有人在游泳，有人在打球。

最近，最热门的运动是跑步，运动场、人行道、公园，都有人在跑步。跑步很简单，穿上一双舒服的鞋子就可以跑了。而登山、潜水、滑雪等户外运动，还需要有专门的地方和专门的装备。比如：登山当然要有山，潜水必须要有湖或海，滑雪得有雪。一个住在中国中西部的人想潜水，或者住在中国南方的人想滑雪，还要坐飞机或火车、住酒店等。到了那里，还得买装备或者租装备。这跟在家附近打乒乓球相比，又贵又不方便，这就是为什么以前在中国不流行户外运动的原因。现在，越来越多的中国人有能力，也愿意花这些时间，付这些钱，去尝试各种各样的户外运动了。

补充词语

1	太极拳	tàijíquán	N	*taijiquan*, shadow-boxing
2	健身房	jiànshēnfáng	N	gymnasium, fitness center
3	热门	rèmén	N	hot, popular
4	潜水	qiánshuǐ	V	to dive, to go underwater
5	户外	hù wài		outdoors
6	装备	zhuāngbèi	N	outfit, equipment

活动

1 看一遍课文，判断对错。

(　　)（1）中国人不太重视饮食，但很重视运动。

(　　)（2）早上，去健身房的都是老人。

(　　)（3）晚上，有人在健身房里打球。

(　　)（4）跑步在中国一直很流行。

(　　)（5）住在中国中西部的人潜水不太方便。

(　　)（6）住在中国北方的人滑雪比较方便。

(　　)（7）以前中国没有人玩儿户外运动。

(　　)（8）现在有越来越多的中国人能玩儿得起户外运动了。

2 听课文，完成填空。

（1）早上的公园里，大爷在打太极拳，大妈在________；晚上的健身房里，有人在游泳，有人在________。

（2）最近，最热门的运动是________，运动场、人行道、公园，都有人在跑步。跑步很简单，穿上一双________就可以跑了。

（3）登山当然要有________，潜水必须要有________，滑雪得有________。一个住在中国中西部的人想潜水，或者住在中国南方的人想滑雪，还要坐飞机或火车、住酒店等。到了那里，还得________装备或者________装备。这________在家附近打乒乓球________，又贵又不方便，这就是为什么以前在中国不________户外运动的原因。

（4）现在，越来越多的中国人有能力，也愿意花这些时间，付这些钱，去________各种各样的户外运动了。

3 两人一组，复述课文。

一人复述，另一人提示或补充。

六、拓展练习

1 听一遍短文，回答下面的问题。 04-3

（1）"我"打算学什么运动？

（2）在学习以前，"我"做了什么准备？

（3）"我"的第一次网球课学得好吗？

2 阅读：我爱上了打网球。

我认为，世界上所有的运动中，最优雅的就是网球。所以我要学网球！

一有空儿我就研究网球，哦，不，研究网球服和网球鞋。你想啊，这么优雅的运动，没有漂亮的网球服和舒服的网球鞋怎么行？所以我去了商店，那里有各种样子、各种颜色的网球服和网球鞋！每一件我都喜欢，真不知道该选哪一件好！三个小时后，我买了黑色的上衣、白色的短裤、灰色的鞋子。别问我为什么买这几种颜色，也别问我为什么不买网球裙！因为我不是一个人去的，我是和男朋友一起去的。他说，衣服和鞋子太好看，会让我打球的时候不专心。气死我了！

虽然我不是非常满意我的网球装备，却还是高高兴兴地开始了我的网球课。第一次课，我也不知道为什么，我一打球就想笑。每次教练的球飞过来，我就哈哈地笑，接到球笑，接不到球也笑。教练比我年轻，他也不好意思批评我，而是一直鼓励我说：“学得很快！学得很不错！你很适合学网球！”我听了，觉得自己是一个网球天才！我又哈哈地笑了起来。

我想，我爱上了打网球。

补充词语

1	网球	wǎngqiú	N	tennis
2	优雅	yōuyǎ	A	graceful
3	专心	zhuānxīn	A	concentrated, whole-hearted
4	教练	jiàoliàn	N	coach
5	接球	jiē qiú		to catch the ball
6	天才	tiāncái	N	genius

◎ 问题：

（1）“我”为什么要学习打网球？

（2）学网球前要先买什么？为什么？

（3）“我”买了什么样的网球服和网球鞋？

（4）“我”为什么没有买鲜艳漂亮的网球服和网球鞋？

（5）“我”的教练怎么样？

3 讨论。

你觉得“我”能学好网球吗？为什么？

4 写作训练。

请你在同学之间做一个调查，问问大家都喜欢什么运动，为什么喜欢这些运动。用 200 ～ 300 字概括一下。

七、聚宝盆（请写下这一课你新学会的词语和句子）

第五课 你买纸质书还是电子书？

一、热身

1. 你常常看书吗？看纸质书多还是看电子书多？
2. 如果看电子书，你用 Kindle、iPad、手机还是电脑看？
3. 你觉得以后看纸质书的人会越来越少吗？为什么？

二、词语

1	纸质书	zhǐzhìshū	N	paper book	
2	电子书	diànzǐshū	N	e-book	
3	来不及	láibují	V	to not have enough time (to do something)	时间来不及；来得及
4	好处	hǎochù	N	advantage	
5	占	zhàn	V	to take up, to occupy	占空间；占地方； 占 50%
6	携带	xiédài	V	to carry, to take along	随身携带；携带行李
7	选择	xuǎnzé	V	to choose	
8	无法	wúfǎ	V	to be unable to	无法想象
9	替代	tìdài	V	to replace, to substitute for	用 A 替代 B；无法替代
10	画册	huàcè	N	album of paintings	

11	洞洞书	dòngdòngshū	N	book with cut-outs, peepshow book	
12	立体书	lìtǐshū	N	pop-up book	
13	消失	xiāoshī	V	to disappear, to vanish	

活动

1 看下面的图片，找出与图片相应的词语。

洞洞书　画册　电子书　立体书　纸质书

____

____

____

____

____

2 选词填空。

占　携带　选择　设计　替代　来得及　来不及　出现　消失

（1）没有水果刀，就用菜刀来________吧。

（2）爸爸想去南方旅游，妈妈想去北方，最后他们让我来________。

（3）他特别爱看书，不管去哪里都会随身________一本书。

（4）这些东西对我来说没什么用，而且特别________地方，真想把它们扔了。

（5）这个女孩从十岁开始就为一家服装厂________服装，太厉害了！

（6）银行五点关门，现在四点五十了，今天________取钱了。

（7）A：小明，出去玩儿以前先把房间打扫一下！

B：妈妈，我现在就要走了，________打扫房间了。

A：现在就走？那太可惜了！我刚买回来的草莓冰淇淋你也没时间吃了。

B：冰淇淋？我的最爱！不，妈妈，我还有时间，________吃草莓冰淇淋！

（8）下雪后，太阳出来了，雪化成水，然后________了。

（9）我把语文考试的成绩告诉妈妈，妈妈脸上________了笑容，说我是个好孩子；我又把数学成绩告诉她，妈妈脸上的笑容马上就________了。

3 说出下面句子中画线部分的意思，并用“无法”造句。

（1）孩子太小，无法照顾自己。

（2）妈妈无法相信自己的孩子会去打人。

（3）他无法忘记火车上遇到的那位美丽的姑娘。

（4）我无法原谅他对我做的事情。

（5）小明无法说清那天发生的事情。

（6）你无法叫醒一个装睡的人。

（7）孩子无法明白为什么爸爸突然离开了家，再也回不来了。

（8）电子书无法完全替代纸质书。

（9）________________________________。

（10）________________________________。

三、语言点

数量短语的重叠

Reduplication of a Nu-M phrase

1. 数量短语重叠形式（数词为“一”）做定语，表示很多，强调集体中的个体，带有描写性。例如：

If a Nu-M phrase (with the numeral “一”) is repeated and used as an attribute, it indicates something in great quantity and emphasizes each individual in a group in a descriptive way. For example:

书架上那一本一本的书，都是我已经看完的。

那一个一个漂亮的汉字，都是这个六岁的孩子写的。

重复的"一"和"的"都可以省略。例如：

Both the second "一" and the particle "的" can be omitted. For example:

桌子上那一道（一）道（的）菜都是广东菜。

那一排（一）排（的）高楼真漂亮。

2. 数量短语重叠形式（数词为"一"）做状语，表示动作次数多，且动作有连续性。例如：

If a Nu-M phrase (with the numeral "一") is repeated and used as an adverbial, it indicates that an action happens frequently and continuously. For example:

我生病时，朋友一趟一趟地跑来看我，给我带来了很多好吃的。

他一遍一遍地读课文，直到读得十分流利为止。

3. 数量短语重叠形式做状语，也表示动作按某种方式有秩序地进行。例如：

When a Nu-M phrase is repeated and used as an adverbial, it may also indicate that an action is orderly carried out. For example:

时间一天一天地过去了，我的汉语也越来越好了。

请大家两个两个地过来拿本子。

活动

1 模仿例句，先选择合适的量词，再使用数量短语的重叠形式填空。

例如：这一本（一）本（的）书都是你自己花钱买的吗？

球员们两个两个地排队走进球场。

口　条　张　间　件　次　道　本　个

（1）________教室都已经打扫干净了，等着学生的到来。

（2）墙上挂着的________照片都是她在中国各地旅游的时候拍的。

（3）他是英语老师，他的书架上放着________厚厚的英语词典。

（4）圣诞节快到了，这________礼物是他要送给家人和朋友的。

（5）辛苦工作了一个月，拿着那________人民币，他有些激动。

（6）水里，________鱼儿游来游去，很快乐的样子。

（7）孩子________地问妈妈："我是从哪里来的？"

（8）这么多题，他要________地做完，真不容易啊！

（9）老师让学生们________地练习对话。

（10）中国人有一句老话："饭要________地吃。"意思是，做事情不能着急，要一步一步来。

2 把下面的句子改写成数量短语重叠形式的句子。

（1）柜子里有很多衣服，她都不太喜欢。

________________________________。

（2）这些礼物都是朋友们送给他的生日礼物。

________________________________。

（3）天黑了，小区里各家的灯都亮起来了。

________________________________。

（4）考试结束了，学生们都把试卷交给老师。

________________________________。

（5）请大家不要同时提问，一个人问完后，另一个人再问。

________________________________。

（6）解决完一个问题，再解决另一个问题。

________________________________。

四、主课文

 05-1

刘强、里尔克、田中爱子、王菲一起吃午饭，他们边吃边聊。

里 尔 克： 吃完午饭，我要去附近的书店买书。

刘　　强： 我很久没有去书店买过书了。我现在都是在网上买书。

里 尔 克： 我也常常在网上买书。可是这本书明天上课要用，网上买，时间来不及了。

田中爱子：有时候，书店里的书不全。有一次，老师让我们买一本书，我一家家书店找过去，找了五六家都没有找到。早知道，我就在网上买了。

刘　　强：五六家书店！你不是在买书，你是在锻炼身体！

田中爱子：那一次，我累坏了。现在，我很少买纸质书，都是买电子书。

刘　　强：我也习惯看电子书，电脑、手机、Kindle 都可以。可是我爸爸妈妈说，只有摸到一页一页的纸，才有看书的感觉。

王　　菲：我也是！我看电子书，虽然一个一个的字都看到了，却看完就忘。

刘　　强：我以为只有中老年人才不习惯看电子书呢！原来年轻人也有不习惯的。

王　　菲：这跟年轻不年轻没关系！

里 尔 克：电子书最大的好处就是不占地方，携带方便。

田中爱子：是啊！我家五口人，个个都喜欢看书，每个人喜欢的书都不一样。大家各买各的，家里到处都是书。

王　　菲：其实，很多书看过就不想再看了，放在家里，特别占地方。

刘　　强：最近，我选了很多不再看的书，有些送给了朋友，有些送给了附近的图书馆。

田中爱子：好办法！现在，我们全家都买电子书，看完后，觉得特别喜欢的，再买纸质书。半年来，我们看的书并不少，家里的书却增加得不多。

里 尔 克：对我们留学生来说，在中国买纸质书，一是选择少，二是回国的时候，把书带回去太麻烦。所以除了课本，其他书我全都买电子书。

王　　菲：我还是更喜欢纸质书。有些纸质书，是电子书无法替代的，比如画册，比如给小朋友们看的洞洞书、立体书什么的。

田中爱子：是的。虽然电子书有很多优点，但纸质书也永远不会消失！

活动

1 说一说下面的短语分别是什么意思，然后模仿例句，选择合适的短语完成句子。

各买各的（书）　　各吃各的（饭）　　各做各的（事）

各走各的（路）　　各看各的（书）　　各过各的（生活）

例：我和我哥哥喜欢的书不一样，所以买书时我们总是各买各的。

（1）工人们都很忙，大家________，没有人聊天儿或者开玩笑。

（2）今天是自助餐，大家________。

（3）图书馆里，学生们________，都很安静。

（4）我已经跟你分手了，以后我们________，不用再见面了。

（5）你坐飞机，我坐火车，大家________。

2 模仿例句，学习“一是……，二是……”的用法，然后用“一是……，二是……”完成句子。

例：外国留学生在中国不常买纸质书，一是选择比较少，二是很难带回国。

他来中国留学，一是想学习汉语，二是想了解一下真正的中国人的生活。

（1）他的演讲得了第一名，____________________。

（2）这位老人能活到116岁，____________________。

3 **分角色朗读课文，并回答下面的问题。**

（1）刘强喜欢买电子书还是纸质书？为什么？

（2）里尔克喜欢买电子书还是纸质书？为什么？

（3）田中爱子喜欢买电子书还是纸质书？为什么？

（4）王菲喜欢买电子书还是纸质书？为什么？

（5）根据课文，电子书和纸质书分别有哪些好处？

4 **两人一组，练习对话。**

说一说，你看电子书更多还是看纸质书更多？为什么？

5 **把活动 4 中的对话整理好，写下来。**

五、副课文

 05-2

今天下午，我去书店买了两本学习汉语的书。这不是我来中国以后第一次买书，但却是我来中国以后第一次在书店买书，也是我来中国以后第一次买除了课本以外的纸质书。

我喜欢看书，常常买书。如果我在中国买纸质书，那我回国的时候，就要把买来的一本本书全带回国，那会是一个大问题。所以我买电子书，放在电脑或手机里，即使带上1000本，也没有重量，也不占地方。

买电子书，在网上付了钱，马上就可以收到书，开始看。而在网上买纸质书，最少也要等一到两天。有的电子书还可以听，跟听歌一样方便。“旅行时带哪本书好”也不再是问题！另外，电子书不用纸，比纸质书更环保。

但电子书也不是万能的。有一些纸质书，比如画册，纸张和设计特别好，这是电子书比不上的。小朋友爱看和爱玩儿的洞洞书、立体书等等，也是电子书无法替代的。另外，有些人更习惯看纸质书，对他们来说，纸质书是“有温度”的，而电子书却是“冷冰冰”的。

补充词语

1	重量	zhòngliàng	N	weight
2	环保	huánbǎo	N	environment-friendly
3	万能	wànnéng	A	all-powerful, omnipotent
4	纸张	zhǐzhāng	N	paper
5	冷冰冰	lěngbīngbīng	A	frosty, icy, cold

活动

1 看一遍课文，判断对错。

(　　)(1)“我”今天买了两本电子书。

(　　)(2)这是“我”第一次在中国买书。

(　　)(3)在中国买电子书，回国的时候很方便。

(　　)(4)和买纸质书比，买电子书可以更快看到书。

(　　)(5)和纸质书一样，电子书只能看不能听。

(　　)(6)有些纸质书的纸张和设计很美，这是电子书比不上的。

(　　)(7)给小孩儿看的洞洞书、立体书等，可以由电子书替代。

(　　)(8)一些喜欢看纸质书的人觉得电子书是“冷冰冰”的。

2 听课文，完成填空。

(1)这不是我来中国以后第一次买书，但却是我来中国以后第一次________买书，也是我来中国以后第一次买________以外的纸质书。

(2)如果我在中国买纸质书，那我回国的时候，就要把买来的一本本书全带回国，那会是一个________。所以我买电子书，放在电脑或手机里，即使带上1000本，也没有重量，也不________。

(3)买电子书，在网上付了钱，马上就可以________，开始看。而在网上买纸质书，最少也要等一到两天。

（4）有的电子书还可以听，跟________一样方便。“旅行时带哪本书好”也________是问题！另外，电子书不用纸，比纸质书更环保。

（5）但电子书也不是万能的。有一些纸质书，比如画册，纸张和设计特别好，这是电子书________的。小朋友爱看和爱玩儿的洞洞书、立体书等等，也是电子书________替代的。

（6）另外，有些人更习惯看纸质书，对他们来说，纸质书是“________”的，而电子书却是“________”的。

3 根据课文内容，回答下面的问题。

（1）跟纸质书比，电子书有哪些好处？

（2）跟电子书比，纸质书有哪些好处？

4 讨论。

关于电子书和纸质书的好处，你有什么要补充的？

六、拓展练习

1 听一遍短文，选择正确答案。 05-3

这篇短文主要讲了什么？

A 人们用发电子邮件替代了寄信　　B 人们喜欢用网络社交媒体

C 电子商务发展得很快　　D 电脑和网络的发展在改变人们的生活

2 阅读：电子化的生活。

去问一个人喜欢不喜欢集邮。问 70 岁的人，很可能喜欢过；问 40 岁的人，不太可能；问 10 岁的孩子，他们说不定从来没用过邮票！比起寄信，现在的人们更可能发电子邮件。

刚开始出现电子邮件时，人们说：“快是快，可是有几个人有电脑，有几个地方有网络呢？”短短二三十年后的今天，电脑和网络几乎成了生活的必需品。工作中重要的事，人们才发电子邮件。不太重要的工作和生活中的事情，人们不是用电子邮件，也不是用电话，而是用网络社交媒体，它比电子邮件更快，比电话更方便。电脑和网络发展起来后，电子商务也发展起来了，在网上买了东西，就有人把东西送到你家来。现在，人们都使用智能手机，它就是一个小电脑。坐地铁时，你在手机上看到一本新书的介绍，喜欢的话，你可以马上用手机买这本电子书。几分钟后，还是坐在地铁上，你已经在看这本书了！出差路上，你在手机上看到喜欢的东西，就可以用手机买。等你出差回来，那些东西已经在家里等着你了！

补充词语

1	集邮	jí yóu	VO	to collect stamps
2	邮票	yóupiào	N	stamp
3	必需品	bìxūpǐn	N	necessities
4	社交媒体	shèjiāo méitǐ		social media
5	发展	fāzhǎn	V	to develop
6	电子商务	diànzǐ shāngwù		e-business
7	智能手机	zhìnéng shǒujī		smartphone

◎ 问题：

（1）贴邮票的信被什么替代了？这样的变化需要什么条件？

（2）去商店买东西被什么方式替代了？这样的变化需要什么条件？

（3）现在，人们除了打电话、发电子邮件外，更喜欢用什么方式来交流？

3 讨论。

（1）回想一下，和 10 年前相比，网络让生活的哪些方面更方便了？

（2）想象一下，10 年以后，生活的哪些方面可能会更方便？

4 写作训练。

请你在同学之间做一个调查，看看因为电脑和网络的普及，他们 20 岁时的生活方式和他们父母 20 岁时的生活方式有哪些不一样。用 200 ～ 300 字概括一下。

七、聚宝盆（请写下这一课你新学会的词语和句子）

第六课 你怎么过生日？

一、热身

1. 你的生日是什么时候？你一般跟谁一起庆祝你的生日？

2. 你现在过生日跟小时候过生日有什么不同？（比如跟谁过、怎么过、有没有礼物等）

二、词语

1	蛋糕	dàngāo	N	cake	奶油蛋糕；生日蛋糕
2	点	diǎn	V	to light, to kindle	点灯；点香烟
3	蜡烛	làzhú	N	candle	点蜡烛；生日蜡烛
4	许	xǔ	V	to make (a wish)	许愿
5	愿望	yuànwàng	N	wish	新年愿望；生日愿望
6	道理	dàolǐ	N	reason, truth	有道理；讲道理
7	阳历	yánglì	N	solar calendar, Gregorian calendar	
8	阴历	yīnlì	N	lunar calendar	
9	日历	rìlì	N	calendar	
10	传统	chuántǒng	N & A	tradition; traditional	传统文化；传统节目
11	元旦	Yuándàn	N	New Year's Day	
12	世纪	shìjì	N	century	20 世纪

13	春节	Chūnjié	N	Spring Festival	
14	中秋节	Zhōngqiū Jié		Mid-Autumn Festival	

专名

中秋节	Zhōngqiū Jié	Mid-Autumn Festival

活动

1 说说下面的图片分别代表什么节日。

春节　中秋节　元宵节　清明节　儿童节　劳动节　国庆节　端午节

____

____

____

____

____

____

____

____

2 讨论。

（1）上面的节日中，哪些是按照阴历过的，哪些是按照阳历过的？

（2）你还知道中国哪些阴历的节日和阳历的节日？它们分别是在什么时间？

3 选词填空。

过　讲　点　许　传统　道理　愿望　蛋糕

（1）他把我的手机弄坏了，却说我的手机质量差，真是不________道理。

（2）他________上一支香烟，刚吸了一口，就想起了医生的话，又把烟灭了。

（3）每年元旦我都要________下我的新年愿望。

（4）小明要请朋友们一起来________他的十岁生日。

（5）大熊猫每年都会许下同一个生日________，那就是，它想要拍一张彩色照片。

（6）你一生气就打了他，可是你一打他，你本来有________现在也变得没________了。

（7）小明说，没有吃________的生日不算生日，所以爸爸就出门去给他买蛋糕了。

（8）现代婚礼上，很多新娘穿白色婚纱。可是在中国的________婚礼上，新娘一定要穿红色的服装。

三、语言点

趋向补语的引申用法（一）

The extended usages of directional complements (1)

"上""下"做趋向补语时，除了表示动作趋向以外，还表示下面几种常见的意义。

If "上" or "下" is used as a directional complement, it not only indicates the direction of an action, but also has the following meanings.

1. 上

（1）表示接触、附着以及固定。例如：

It indicates contact, attachment and fixing. For example:

进来后，请把门关上。

今天要下雨，你出门时把伞带上。

（2）表示成功地做了某件事情，或者达到了某个目标。例如：

It indicates doing something or achieving a goal successfully. For example:

一到家就能吃上好吃的饭菜，真幸福啊！

他现在有钱了，开上了自己的汽车，他很高兴。

（3）表示达到某个数量或者某种程度。例如：

It indicates that a certain quantity or degree has been attained. For example:

如果你能认真读上二十本中国小说，汉语一定会有很大的进步！

我最近忙得没时间睡觉，太困了！我真想好好儿睡上两天两夜！

2. 下

（1）表示分离。例如：

It indicates separation or division. For example:

你的包太重了，快放下吧！

快脱下你的湿衣服，去洗澡吧。

（2）表示固定。例如：

It indicates fastness or firmness. For example:

那位老师给我留下了深刻的印象。

我记下你的电话号码了。

（3）表示可以容纳。例如：

It indicates the capacity of a container or a space. For example:

这张大圆桌能坐下十五个人。

这么小的房间能住下四口人？

活动

1 选择合适的动词并加上“上”完成下面的句子。

爱　关　骑　遇　挂

（1）我英语学得好，是因为我________了一位很好的英语老师。

（2）这面墙太空了，你可以在墙上________一些照片。

（3）孩子洗完手就走了，没有把水________。

(4) 他________自行车就走了，没有告诉我要去哪里。

(5) 不知道从什么时候开始，他________了那个女孩。

2 选择合适的动词并加上"下"完成下面的句子。

脱 留 住 放 记

(1) 回家以后，________皮鞋，换上拖鞋。

(2) 谢谢你帮我把东西送过来。呀！东西这么多，一定很重，快________吧！

(3) 那个人把我送到家就走了，没有________名字和电话号码。

(4) 下次你来南京，别住酒店了，就住我家吧！我家能________。

(5) 老师上课讲的东西，你都________了吗？

四、主课文

06-1

王菲邀请里尔克去参加她的生日晚会。

王　菲： 里尔克，周六下午你有没有时间？来参加我的生日晚会吧！

里尔克： 太好了！周六是你生日？

王　菲： 我的生日在周四，可是周四我没时间。

里尔克： 周四要上课，还有作业！

王　菲： 不是因为上课，也不是因为作业，是因为我妈妈。我妈妈说，生日一定要跟爸爸妈妈在一起。她会忙上一整天，做上一大桌菜，让我们全部吃下。她还会买上一个大蛋糕，点上蜡烛，让我许下一个愿望。

里尔克： 你妈妈也有道理。孩子出生，妈妈最辛苦，而且也是全家的大事。

王　菲： 所以，虽然我更想和朋友们在一起，却不好意思跟妈妈说"不"。

里尔克：周四跟家人好好儿吃上一顿，周六跟朋友好好儿玩儿上一天。

王　菲：我有些朋友每年过两次生日，阳历一次，阴历一次。一次跟朋友过，一次跟爸爸妈妈过。

里尔克：阳历、阴历是什么？

王　菲：阳历就是现在全世界通用的日历，而阴历是中国传统的日历。在阳历中，一年的第一天是元旦，而阴历的一年却是从春节开始的。

里尔克：中国人是从什么时候开始用阳历的呢？

王　菲：20世纪以后，人们就用上了阳历。但很多老人还是习惯用阴历来记重要的日子，比如结婚日期、生日等。

里尔克：现在呢？

王　菲：现在，阴历用得越来越少了，但是传统节日还是用阴历记的，比如春节、中秋节等等。

里尔克：大家都知道今天是阳历的几月几号，那你知道今天是阴历的几月几号吗？

王　菲：不知道，要在日历上查一下。但重要的日子，比如传统节日，或者爷爷奶奶的生日，我们每一年都会早早儿地查好，记下是阳历的几月几号，这样就不会忘了。

里尔克：真有意思！对了，你喜欢什么？我得给你带上一件生日礼物。

王　菲：不用客气。你带上你自己就行啦！

里尔克：话是这么说，总不能空着手去。我再想想吧。

活动

1 分角色朗读课文，并回答下面的问题。

（1）王菲的生日是星期几？她打算怎么过生日？

（2）王菲的有些朋友每年要过两次生日，分别过哪两次生日？他们为什么要过两次生日？

（3）在中国，哪些日子要按照阴历过？

（4）王菲的爷爷奶奶过生日是按照阴历还是阳历？王菲会不会忘记？为什么？

2 复述王菲妈妈每年是怎么给王菲过生日的。

3 两人一组，练习对话。

互相介绍一下自己的两次生日分别是怎么过的，一次是自己最近的一次生日，另一次是自己最开心的一次生日。

4 把活动 3 中的对话整理好，写下来。

五、副课文

06-2

周末我参加了王菲的生日晚会，玩儿得很开心。

王菲是家里的独生女。每年王菲生日，她的爸爸妈妈都会给她买很贵的生日礼物，然后做上一大桌好吃的。有时候，王菲更想跟好朋友们一起过生日，而不是跟爸爸妈妈一起，这让妈妈很伤心，她觉得女儿长大了，只要朋友不要妈妈了。为了让妈妈和自己都高兴，王菲决定生日那天跟爸爸妈妈一起好好儿吃上一顿，接下来的周末再跟朋友们一起好好儿玩儿上一天。

听说也有一些年轻人干脆过两次生日，阳历一次，阴历一次。一次跟朋友过，一次跟爸爸妈妈过。但也有人认为，过两次生日不吉利，阎王爷只管你过了几次生日，而不管你是什么时候过的。他算算你已经过了80次生日了，觉得你已经活得够长了，就会来“请”你到他那里去，可其实你才40多岁！还有人说，老年人最好安安静静地过生日，不要让阎王爷听到。阎王爷把你忘了，你就能好好儿地活着了。

以前，中国人过生日要吃面条儿。面条儿很长，表示吃了会长寿，因此也叫“长寿面”。但是现在，中国人学习西方国家的习惯，过生日的时候也吃蛋糕。对孩子们来说，又香又甜的蛋糕比面条儿好吃多了。所以，爸爸妈妈一般既给孩子买蛋糕，也给孩子吃面条儿。

补充词语

1	独生女	dúshēngnǚ	N	only daughter
2	干脆	gāncuì	Adv	simply, just
3	吉利	jílì	A	lucky, auspicious
4	阎王爷	Yánwangyé	N	King of Hell
5	长寿	chángshòu	A	living a long life

活动

1 看一遍课文，判断对错。

(　　)（1）王菲的爸爸妈妈每年都给王菲买生日礼物。

(　　)（2）王菲长大后，只要朋友不要妈妈了。

(　　)（3）有些年轻人一年过两次生日。

(　　)（4）有些人认为过两次生日不吉利。

(　　)（5）有些人认为老年人不该过生日。

(　　)（6）中国传统的习惯是过生日时吃饺子。

(　　)（7）孩子们喜欢吃生日蛋糕。

(　　)（8）孩子可以自己选择过生日时是吃蛋糕还是吃面条儿。

2 听课文，完成填空。

（1）有时候，王菲更想跟好朋友们一起过生日，而不是跟爸爸妈妈一起，这让妈妈很伤心，她觉得女儿长大了，________朋友不要妈妈了。

（2）为了让妈妈和自己都高兴，王菲决定生日那天跟爸爸妈妈一起好好儿________，接下来的周末再跟朋友们一起好好儿________。

（3）听说也有一些年轻人干脆过两次生日，________一次，________一次。一次跟________过，一次跟________过。

（4）但也有人认为，过两次生日不吉利，阎王爷________你过了几次生日，________你是什么时候过的。他算算你已经过了80次生日了，觉得你已经活得够长了，就会来“________”你到他那里去。可其实你才40多岁！

（5）还有人说，老年人最好________地过生日，不要让阎王爷听到。阎王爷把你________了，你就能好好儿地活着了。

（6）以前，中国人过生日要吃________。面条儿很长，表示吃了会长寿，因此也叫“长寿面”。但是现在，中国人学习西方国家的习惯，过生日的时候也吃________。

3 讨论。

（1）王菲妈妈认为女儿过生日一定要跟家人在一起，你理解她的想法吗？

（2）你最理想的过生日的方式是什么？

六、拓展练习

1 听一遍短文，回答下面的问题。 06-3

（1）“我”喜欢过生日吗？为什么？

（2）“我”跟谁一起过生日？

（3）对于“我”过生日的方式，家人是什么态度？

2 再听一遍短文，判断对错。 06-3

( )(1)“我”的三十岁生日是跟家人一起过的。

( )(2)“我”过生日时会一个人发呆。

( )(3)过生日时，“我”会去买漂亮的衣服，吃好吃的东西。

( )(4)生日那天，“我”心情好就去大饭店，心情不好就去小饭店。

( )(5)生日那天晚上，“我”也不回家。

( )(6)生日那天，“我”要给自己充电。

( )(7)一个人过一天，可以让“我”心情平静。

( )(8)现在，“我”的家人都习惯“我”一个人过生日了。

3 阅读：一个人过生日。

只有孩子和年轻人才喜欢过生日吧。有蛋糕，有礼物，有祝福，热热闹闹，多开心！我，三十岁以后就不喜欢过生日了。每过一次生日，我就又老了一岁！

三十岁开始，每年生日我都一个人过。我对家人说，我不要蛋糕，不要鲜花，不要礼物，我只要一天的自由。我会向家人和老板请上一天假，一个人安安静静地待上一天。

起床后我就离开家。去哪儿？可能去健身房，可能去公园，可能去商店，可能去电影院，也可能去图书馆，甚至可能去外地。吃什么？可能去很贵的大饭店吃一顿好的，也可能去小店买一个面包。晚上？晚上我也不回家，我会选一个很好的酒店，一个人住上一晚。总之，去哪里，做什么，怎么做，完全看我那一天的心情。这是完全自由的一天，让我放松、平静，好像是在给我“充电”，让我想清楚新的一岁要做些什么、怎么去做。

一开始，我的家人都不理解我。后来，他们发现我一个人过完生日回到家，心情会变得很好，对工作、对家人也更有耐心。现在，他们很支持我这样做。

你要不要也试一试？

补充词语

1	祝福	zhùfú	V	to wish (somebody) happiness
2	家人	jiārén	N	family, family member/members
3	外地	wàidì	N	part/parts of the country other than where one is
4	充电	chōng diàn	VO	to charge (a battery), to keep learning
5	发现	fāxiàn	V	to find, to discover
6	支持	zhīchí	V	to support

4 讨论。

（1）你哪些时候希望一个人待着？为什么？

（2）你哪些时候特别不希望一个人待着？为什么？

5 写作训练。

请你在同学之间做一个调查，看看现在大家一般怎么过生日。用 200 ～ 300 字概括一下。

七、聚宝盆（请写下这一课你新学会的词语和句子）

第七课 你唱得真好

一、热身

1. 你喜欢听歌吗？你喜欢听谁的歌？你喜欢听什么样的歌？
2. 你喜欢唱歌吗？你觉得自己唱歌唱得好吗？
3. 你觉得一定要经过训练才能唱好歌吗？为什么？

二、词语

1	走调儿	zǒu diàor	VO	(to go) out of tune	
2	噩梦	èmèng	N	nightmare	做噩梦
3	怪不得	guàibude	Adv	no wonder, that explains why…	
4	训练	xùnliàn	V	to train, to drill	
5	歌星	gēxīng	N	star singer	
6	自娱自乐	zìyú-zìlè		to recreate by oneself	
7	得奖	dé jiǎng		to win a prize	得一等奖；得大奖
8	首先	shǒuxiān	Pron	firstly	
9	其次	qícì	Pron	secondly	
10	毕竟	bìjìng	Adv	after all	

活动

1 模仿例句，学习“首先……，其次……”的用法，然后用“首先……，其次……”完成句子。

例：要学习汉语，首先要学习拼音，其次要学习汉字。

要出去旅行，首先要有时间，其次要有钱。

（1）要找到满意的工作，＿＿＿＿＿＿＿＿＿＿＿＿＿＿＿＿＿。

（2）要让那个姑娘爱上你，＿＿＿＿＿＿＿＿＿＿＿＿＿＿＿＿。

（3）要让别人相信你，＿＿＿＿＿＿＿＿＿＿＿＿＿＿＿＿＿＿。

2 模仿例句，学习“怪不得”的用法，然后完成句子。

例：（原来）她的男朋友昨天向她求婚了，怪不得她心情那么好！

你以前一吃菠萝就拉肚子？怪不得你现在不喜欢吃菠萝。

（1）听说他奶奶病得很重，住在医院里，＿＿＿＿＿＿＿＿＿＿。

（2）原来他昨天晚上只睡了三个小时，＿＿＿＿＿＿＿＿＿＿＿。

（3）＿＿＿＿＿＿＿＿＿＿＿＿，怪不得她刚才不跟你打招呼。

（4）＿＿＿＿＿＿＿＿＿＿＿＿，怪不得他没通过这次考试。

3 模仿例句，学习“毕竟”的用法，然后完成句子。

例：他的普通话不是非常标准，毕竟他是一个外国人。

孩子考试没考好，妈妈没有批评他，毕竟他已经很努力了。

（1）虽然我们输了第一场比赛，但大家要有信心，毕竟＿＿＿＿＿＿＿。

（2）今天的菜我做得不太成功，毕竟＿＿＿＿＿＿＿＿。

4 选词填空。

噩梦　自娱自乐　训练　得奖　走调儿

（1）不管什么比赛，他只要参加，就一定能＿＿＿＿，太厉害了！

（2）他从小就得到了严格的书法＿＿＿＿，字写得很漂亮。

（3）我喜欢唱歌，却常常＿＿＿＿，所以我只能＿＿＿＿，不敢唱给别人听。

（4）说到两年前的那一次交通事故，那真是我的一场________。

三、语言点

趋向补语的引申用法（二）

The extended usages of directional complements (2)

“起来”“出来”“下来”“下去”“过来”做趋向补语时，除了表示动作趋向以外，还可以表示下面几种常见的意义。

If“起来”,“出来”,“下来”,“下去”, or“过来”is used as a directional complement, apart from indicating the direction of an action, it also has the following meanings.

1. 起来

（1）表示动作或状态开始并持续。例如：

It indicates the start and continuation of an action or a state. For example:

已经四月了，天气一天一天热起来了。

刚才雨很小，现在雨大起来了。

（2）表示动作完成，并有集中或达到一定目的、结果的意思。例如：

It indicates the completion of an action, and also means to gather something together or achieve a certain goal or result. For example:

吃完饭，把碗洗干净，收起来。

我想起来在哪里见过这个人了！

（3）表示“从某个方面来说”。例如：

It indicates “from a certain aspect”. For example:

坚持每天锻炼身体，这件事说起来容易，做起来难。

这件衣服穿起来很漂亮，可是洗起来很麻烦。

2. 出来

（1）表示出现、产生。例如：

It indicates appearance or emergence. For example:

这道题我想了半个小时才想出来怎么做。

把你的不满说出来吧。

（2）表示发现、识别。例如：

It indicates discovery and identification. For example:

妈妈一眼就看出来了孩子刚刚哭过。

我听不出来这是哪个国家的语言。

3. 下来

（1）表示动作或状态的逐步改变。例如：

It indicates the gradual change of an action or a state. For example:

十一月了，这里一天一天冷下来了。

雨慢慢停下来了，我们一会儿就可以去外面玩儿了。

（2）表示人或事物固定或停留在某处。例如：

It indicates something being fixed to or remaining at a certain place. For example:

他把新朋友的电话号码在本子上记下来了。

上课的时间和地点已经定下来了。

（3）表示动作延续到现在。例如：

It indicates that an action has lasted till now. For example:

这么多本书看下来，我对这个问题有了新的理解。

你这么多年坚持下来很不容易啊！

4. 下去

表示动作继续进行。例如：

It indicates the continuation of an action. For example:

你写得很好，你就这样写下去吧！

虽然这件事很困难，但是我们一定要坚持做下去。

5. 过来

表示恢复或转变到正常、积极的状态。例如：

It means to return or change to a normal or positive state. For example:

病人已经昏迷三天了，他什么时候能醒过来呢？

外面太冷，我到家后喝了三杯热水，才暖和过来。

活动

选择合适的趋向补语填空。

起来　下去　下来　出来　过来

（1）这道题全班只有小明一个人做________了，其他同学都不会。

（2）别等爸爸了，再等________菜全都凉了，我们还是先吃吧。

（3）我突然想________一件事，我向小王借了50元钱，我还没有还给他呢。

（4）这门课学习________，我的汉语进步了很多。

（5）这种病不容易检查________。

（6）这辆自行车骑________特别累，是不是有什么问题？

（7）我再也不想跟他一起生活________了，我要跟他分手！

（8）这孩子笑________的样子特别可爱。

（9）最好的医生，也不可能让死去的人活________。

（10）2000年以后，去国外留学的中国学生一下子多________了。

（11）把新学的词语写________，多看看，就记住了。

（12）他睡了13个小时才醒________。

（13）大家都没看________他生病了。

（14）马克觉得汉字写________像画画儿。

（15）一辆车突然在我身边停________，把我吓了一大跳。

（16）我这里多________一支钢笔，是谁忘在这儿的？

（17）我只能听________他们在讲日语，但是听不懂意思。

（18）天气暖和了，妈妈把冬天的衣服全部收________了。

四、主课文

07-1

王菲听说田中爱子报名参加了“留学生唱中国歌大赛”，去为她加油。

王　菲：爱子，听说你要参加“留学生唱中国歌大赛”。祝你成功！

田中爱子：谢谢你！我很喜欢唱歌。来中国以后，我学了不少中文歌。

王　　菲：我听过你唱歌。你唱得真好！我从小就不敢唱歌。

田中爱子：为什么？我以为所有的孩子都喜欢唱歌。

王　　菲：说起来真不好意思。我一唱起歌来就走调儿，别人一听就笑。我就很紧张，越紧张越唱不好，越唱不好越紧张。音乐课就是我的噩梦。从小时候到现在，我一直不敢唱歌。

田中爱子：怪不得我从来没有听你唱过歌。

王　　菲：所以，我特别羡慕唱歌唱得好的人。

田中爱子：我理解你的感觉了。

王　　菲：虽然我唱起歌来不好听，可是我很喜欢听歌。

田中爱子：好极了！就像我们喜欢看书，不一定要自己写书。

王　　菲：说得对！对了，你唱得那么好，训练一下，说不定能当歌星呢！

田中爱子：我可不想当歌星。当歌星是要让别人喜欢，要唱别人喜欢的歌，用别人喜欢的方式唱。我唱歌是自娱自乐，自己高兴就好。

王　　菲：那你这次参加比赛，是为了自娱自乐，还是想要得奖？

田中爱子：首先是要高兴，其次我也希望能得奖，毕竟是比赛嘛！

王　　菲：那就祝你开心又得奖！加油！

田中爱子：谢谢你！

活动

1 用括号中的内容改写下面的句子。

（1）因为特别紧张，所以唱得不好；因为唱得不好，我就更紧张。
（越……越……；越……越……）

____。

（2）因为特别害怕，所以说得不太清楚；因为说得不太清楚，所以更害怕。
（越……越……；越……越……）

____。

（3）因为很累，所以不想继续走；因为不想继续走，所以更觉得累。
（越……越……；越……越……）

____。

（4）我从小时候开始就一直很喜欢唱歌。（从……到……）

____。

（5）所有的学生和老师都非常高兴。（从……到……）

____。

（6）我小学、中学、大学，都是在上海读的，工作以后我也没离开过上海。
（从……到……）

____。

（7）你喜欢哪种水果？苹果？香蕉？（是……还是……）

____？

（8）我这儿有咖啡，也有茶。你想喝什么？（是……还是……）

____？

（9）我们可以去看电影，也可以去唱歌。你想做什么？（是……还是……）

____？

（10）我刚离开家，就发现我忘了带手机。（一……就……）

____。

（11）我刚回到家，外面就开始下雨。（一……就……）

____。

（12）他很聪明，一下子就能学会要学习的东西。（一……就……）

____。

2 分角色朗读课文，并回答下面的问题。

（1）田中爱子要参加什么比赛？

（2）王菲喜欢唱歌吗？为什么？

（3）田中爱子想不想当歌星？为什么？

（4）田中爱子想不想在比赛中得奖？为什么？

3 两人一组，练习对话。

（1）说一说你喜不喜欢唱歌或者演奏乐器。为什么？

（2）你有没有学过乐器？如果学过，讲一讲你学乐器的经历。

4 把活动 3 中的对话整理好，写下来。

五、副课文

07-2

我参加了学校的“留学生唱中国歌大赛”，朋友们都来为我加油了。最后，我得了二等奖。对我来说，唱歌是很自然、很放松的事。喜欢唱歌我就唱，不需要专门的训练，我也没想过当歌星，完全是自娱自乐。

一样是音乐，乐器就和唱歌不一样。唱歌，随便听听也能跟着唱，比较简单。而乐器光看看、听听一定是不行的，必须认认真真地学，一遍一遍地练。在中国，很多爸爸妈妈会让孩子去学习一两种乐器，比如钢琴。学习钢琴，最好每天都练习半小时以上。大部分孩子做完学校的作业已经很累了，可是他们不能休息，不能出去玩儿，还得练习钢琴。有时候，好不容易每天都练习了，到了上课的时候，老师却说他们练习得还不够，还有比这更让人难过的事吗？慢慢的，他们开始讨厌钢琴，甚至开始讨厌音乐，真是太可惜了。

生活中，专门学唱歌的人很少，常常唱歌的人却很多，而专门学乐器的人很多，常常玩儿乐器的人却很少。看来，玩儿乐器比唱歌要难得多。我觉得，不管是唱歌还是玩儿乐器，最重要的是兴趣。有了兴趣，难也没关系；没有兴趣，简单也没用。

补充词语

1	自然	zìrán	A	natural
2	乐器	yuèqì	N	musical instrument
3	钢琴	gāngqín	N	piano
4	讨厌	tǎoyàn	V	to hate, to dislike
5	可惜	kěxī	A	pitiful, shameful, it's a pity

活动

1 看一遍课文，判断对错。

(　　)(1)"我"在唱歌比赛中得了一等奖。

(　　)(2)"我"进行过专门的唱歌训练。

(　　)(3)"我"想要当歌星。

(　　)(4)"我"唱歌是为了自娱自乐。

(　　)(5)在中国，有很多孩子学习乐器。

(　　)(6)学习乐器需要每天练习一小时。

(　　)(7)因为乐器很难学，所以孩子们讨厌乐器。

(　　)(8)不管是唱歌还是玩儿乐器，兴趣最重要。

2 再看一遍课文，回答下面的问题。

（1）“我”对唱歌是什么态度？

（2）怎么做才能学好乐器？

（3）为什么让孩子学习乐器可能变成一件“可惜”的事？

（4）唱歌或者玩儿乐器，最重要的是什么？为什么？

3 听课文，完成填空。

（1）我参加了学校的“留学生唱中国歌大赛”，朋友们都来为我________了。

（2）喜欢唱歌我就唱，不需要专门的训练，我也没想过当歌星，完全是________。

（3）而乐器光看看、听听一定是不行的，必须________地学，________地练。

（4）大部分孩子做完学校的作业已经很累了，可是他们不能________，不能出去________，还得________钢琴。

（5）好不容易每天都练习了，到了上课的时候，老师却说他们练习得还________，还有比这更让人________的事吗？

（6）玩儿乐器比唱歌要________。我觉得，不管是唱歌还是玩儿乐器，最重要的是________。有了兴趣，难也________；没有兴趣，简单也________。

4 讨论。

（1）你学过什么乐器？学得愉快吗？为什么？

（2）你想学什么乐器？为什么？

六、拓展练习

1 听一遍短文，回答下面的问题。 07-3

（1）短文介绍了一个什么电视节目？

（2）在这个节目里，最重要的是什么？

（3）“我”为什么很喜欢这个节目？

2 再听一遍短文，选择正确答案。 07-3

（1）这个电视节目对歌手有什么要求？（ ）

A 唱一首自己以前创作的歌　　B 唱一首自己新创作的歌

C 唱一首好听的歌　　D 唱一首有名的歌

（2）下面哪个歌手最有可能进入第二次比赛？（ ）

A 歌曲特别好，唱歌技巧一般　　B 歌曲特别好，唱歌技巧比较差

C 歌曲一般，唱歌技巧特别好　　D 歌曲一般，唱歌技巧也一般

（3）第二次比赛中，下面哪一种情况最可能发生？（ ）

A 歌手的歌比第一次的更难

B 歌手的歌比第一次的更容易

C 歌手的歌比第一次的好听

D 歌手的歌比第一次的难听

（4）这个电视节目让"我"知道了什么？（ ）

A 有很多人喜欢唱歌

B 有很多人不喜欢音乐

C 有很多喜欢音乐的人只是唱歌，不会创作

D 有很多喜欢音乐的人不但唱歌，还自己创作

（5）为什么自己创作歌曲很难？（ ）

A 需要知道演唱的技巧和音乐的知识

B 需要懂得音乐的知识，并写出又有意思又好听的歌

C 需要写出好的歌词，并有演唱的技巧

D 需要学习别人怎么唱歌，还要学习怎么写歌

3 阅读：《中国好歌曲》。

最近我看了一个中国的电视节目，名字是《中国好歌曲》。节目中，每一位歌手都要唱一首歌，这首歌必须是这位歌手自己新创作的。也就是说，观众们都是第一次听到这首歌。

对歌手来说，唱得好虽然重要，但更重要的是创作的歌曲好。歌曲好

的话，即使歌手唱得一般，也可能进入下一次比赛。

第二次比赛前，会有专家帮助歌手把这首歌改得更好，专家还会训练歌手，让他把这首歌唱得更好。第二次比赛中，歌手还是那个歌手，歌曲也还是那首歌曲，但同时，歌手已经是一个更好的歌手了，而歌曲也已经是一首更好的歌曲。观众们一听就会感到这首歌比第一次听时更好听了！这个节目发现了很多很好的歌曲，有些歌曲一下就流行了起来，创作这首歌的歌手也一下变得很有名。

在这个节目中，我听到了很多好歌曲。另外，我第一次知道，原来有这么多爱音乐的人，他们不满足于唱别人的歌，而是努力写自己的歌。创作歌曲很不容易，首先必须学习很多的音乐知识，其次要写出有意思的歌词，还要让大家都觉得好听。我觉得他们非常了不起。

补充词语

1	歌曲	gēqǔ	N	song
2	节目	jiémù	N	program, show
3	创作	chuàngzuò	V & N	to create, to write; creation, creative work
4	即使	jíshǐ	Conj	even though, even if
5	专家	zhuānjiā	N	expert, specialist
6	满足	mǎnzú	V	satisfied, (to be) content

4 讨论。

（1）你写过歌吗？成功了还是失败了？

（2）你觉得创作一首歌最难的是写曲子还是写歌词？为什么？

5 写作训练。

请你在同学之间做一个调查，看看同学们是不是喜欢音乐，有多喜欢音乐，会做哪些跟音乐有关的事情。用 200 ～ 300 字概括一下。

七、聚宝盆（请写下这一课你新学会的词语和句子）

第八课 你养了一只小猫？

一、热身

1. 你养过宠物吗？现在还养宠物吗？你养的是什么宠物？

2. 如果你的朋友考虑养宠物，你会支持吗？你有什么建议吗？

二、词语

1	猫	māo	N	cat	一只猫
2	宠物	chǒngwù	N	pet	
3	捡	jiǎn	V	to pick up	捡到；捡起来
4	喵	miāo	Ono	mew, miaow	
5	好像	hǎoxiàng	V & Adv	to seem, to look like; as if	
6	救	jiù	V	to save	救了一只小猫；救过来；救起来
7	亲密	qīnmì	A	intimate, close	亲密的朋友；亲密的动作
8	熟悉	shúxi	V	to get familiar with	
9	信任	xìnrèn	V	to trust	
10	打扰	dǎrǎo	V	to disturb	
11	挠	náo	V	to scratch	挠头；挠痒痒
12	抚摸	fǔmō	V	to stroke, to fondle	轻轻抚摸

活动

1 给下面图片中的宠物找出相应的词语。

猫　狗　乌龟　兔子　鸟　金鱼　仓鼠

____

____

____

____

____

____

____

2 选词填空。

捡　救　亲密　熟悉　信任　打扰　挠　抚摸　好像

（1）妈妈轻轻________着孩子的头说："妈妈永远不会离开你！"

（2）孩子回答不出叔叔的问题，他不好意思地________着头。

（3）小王昨天________到了 100 元钱。

（4）我刚来这个学校，对这里不太________。

（5）这个孩子跟爸爸不太________，他不让爸爸抱他，也不跟爸爸拉手。

（6）医生，谢谢你________了我的孩子！

（7）对不起，________你一下，你能不能告诉我图书馆怎么走？

（8）孩子很________父母，父母说的话他们都相信。

（9）这两个孩子长得很像，衣服也一样，________是双胞胎。

3 模仿例句，学习“好像”的用法，然后用“好像”完成句子。

例：妹妹的脸红红的，圆圆的，好像一个苹果。

老师非常关心学生，好像他们的妈妈一样。

她的眼睛红红的，好像刚刚哭过。

（1）中秋节晚上的月亮又大又圆，______________________。

（2）他低着头不说话，______________________。

（3）他走起路来摇摇晃晃，______________________。

三、语言点

可能补语（二）“得 / 不 + 了（liǎo）”

Potential complements (2): 得 / 不 + 了 (liǎo)

1. “得 / 不 + 了（liǎo）”放在动词后面，做可能补语。“V 得了”表示有能力做某件事，“V 不了”表示没有能力做某件事。例如：

   “得 / 不 + 了 (liǎo)” is used after a verb as a potential complement. “V 得了 ” means to be able to do something, and “V 不了 ” means not to be able to do something. For example:

   A：这么多东西，你一个人拿得了吗？

   B：没问题。拿得了。

   A：先生，我们饭店的菜都是辣的，您吃得了吗？

   B：太辣的菜我吃不了，能不能给我做微辣的？

2. “得 / 不 + 了（liǎo）”也可以用在形容词后，表示能达到或不能达到某种程度或情况。例如：

   “得 / 不 + 了 (liǎo)” can also be used after an adjective, meaning to/not to be able to achieve a certain degree or situation. For example:

   A：他学习这么不认真，成绩好得了吗？

   B：当然好不了。上次考试就没通过。

   A：这么多孩子在一起，安静得了吗？

   B：怎么安静得了？都快吵死了！

活动

1 用“得了”或者“不了”改写下面的句子。

（1）这个电脑坏了，只有小王能修。

____。

（2）这辆自行车太高了，我不能骑，但我哥哥能骑。

____。

（3）这双鞋子太小了，我不能穿，但我弟弟能穿。

____。

（4）我有事，不能参加你的生日晚会了。

____。

（5）我带的钱够买这件衣服。

____。

（6）她既能做饭、照顾孩子，又能修电脑、开车，没有什么她不能做的。

____。

（7）如果你不好好儿吃药，病不可能好。

____。

（8）那份工作太轻松了，钱不可能多。

____。

（9）你天天吃了睡，睡了吃，别的什么都不干，一定不可能瘦。

____。

（10）他从来不打扫房间，他的房间可能干净吗?

____?

2 选择合适的补语填空。

到　好　起　下　住　动　会　完　了　着

（1）冰箱里这么多东西，我一个星期也吃不________。

（2）这几个汉字很复杂，我根本记不________。

（3）这个房间很大，不要说两个人了，五个人也住得________。

（4）只要走到我的窗前，就看得________美丽的大海。

（5）你这么聪明，一定学得________。

（6）这里的东西不贵，大部分人都买得________。

（7）最近我事情很多，心里很烦，晚上经常担心得睡不________觉。

（8）太感谢你了。你给我的帮助，我永远忘不________。

（9）只要给我时间，我一定做得________。

（10）我真的很累，我走不________了，我要休息一会儿。

四、主课文

08-1

王　菲：里尔克，给你看几张照片。

里尔克：好漂亮的猫！它的两只眼睛颜色不一样，一只蓝，一只绿！你从宠物店买的吗？

王　菲：你肯定想不到，这只小猫是我妈妈从公园捡回来的。

里尔克：公园里还捡得到猫？

王　菲：我妈妈在公园里看到这只特别小的猫，它一直“喵喵”叫着，好像在找妈妈。这只猫太小了，如果得不到猫妈妈的照顾，一定活不了。我妈妈等了半个多小时，都没看到猫妈妈，就把它带回家了。后来，我妈妈又去了好几次公园，都没有看到猫妈妈。我也很喜欢这只小猫，就把它留下来了。

里尔克：这么说，你妈妈救了这只小猫。它有名字吗？

王　菲：这只猫全身都是白的，只有头上有一块黑色，我们就叫它“黑头”。

里尔克：它听得懂自己的名字吗？

王　菲：听得懂！我一叫“黑头”，它就“喵喵”地回答我，还会跑到我身边来。

里尔克：听说，猫跟人不太亲密，是这样吗？

王　菲：猫跟你不熟悉的时候，会离你远远的；但当它信任你以后，就会跟你很亲密了。我一回家，黑头就会跟着我。我吃饭的时候，它在我脚边；我看电视的时候，它在我腿上；我学习的时候，它在我的电脑旁。

里尔克：那它会不会打扰你学习？

王　菲：大部分时间它都很安静，有时候它会“喵喵”叫，还用爪子轻轻挠我的手，我就给它喝点儿水、吃点儿东西，或者把它抱起来，跟它玩儿一玩儿。

里尔克：你怎么跟它玩儿？

王　菲：它最喜欢我抱着它，抚摸它的后背。我常常跟它聊天儿，高兴的、不高兴的事情，都讲给它听。

里尔克：它听得懂吗？

王　菲：它会很安静地听，有时候对我“喵喵”叫几声，好像在回答我！

里尔克：好可爱的黑头！有机会我也想跟它玩儿！

活动

1　分角色朗读对话，并回答下面的问题。

（1）王菲家里养了什么宠物？这只宠物是怎么来的？

（2）王菲的宠物叫什么名字？它为什么叫这个名字？

（3）王菲的宠物跟王菲亲密吗？请具体说说。

（4）王菲跟她的宠物怎么交流？

2　两人一组，练习问题A或者问题B。

A 一人介绍自己的宠物，另一人可以问有关宠物的任何问题。

B 一人说明自己为什么不养宠物，另一人可以提出反对的意见，两人辩论。

3　把活动2中的对话整理好，写下来。

五、副课文

08-2

今天，王菲给我看了“黑头”的照片，“黑头”是她家的小猫。这只猫不是从宠物店买来的，是她妈妈从公园捡回来的。那时，小猫好像找不到妈妈了，如果王菲的妈妈不把它带回家，它很可能会活不了。

我们学校里也有很多流浪猫。它们没有家，可是它们根本不用担心活不下去。因为有很多爱猫的学生会给猫吃超市买来的猫粮，喝干净的水，常常抱它们，抚摸它们，跟它们玩儿，给它们拍照。有一只黄色的流浪猫还经常在教室里跟学生一起听老师讲课呢！

流浪猫没有家，下雨的时候，天冷的时候，它们需要去找干净、暖和的地方。可是，它们也有宠物猫没有的东西，那就是自由和同伴。它们可以在校园里自由地走来走去，也常常三两只猫一起躺在太阳下，一起吃东西，一起玩儿。而宠物猫却只能待在房间里，也没有同伴。

也有人说，照顾流浪猫不一定是一件好事。有了人的照顾，流浪猫的数量增长得太快，有一些流浪猫就会饿死。有的流浪猫因为常常得到人的照顾，变得不怕人，甚至对人很亲密，这样很容易受到坏人的伤害。

我认为，好好儿爱自己的宠物猫，至于流浪猫，只要不故意去伤害它们就好了。

补充词语

1	流浪	liúlàng	V	to stray, to lead a vagrant life
2	猫粮	māoliáng	N	cat food
3	自由	zìyóu	N & A	freedom; free, unconstrained
4	同伴	tóngbàn	N	companion, peer
5	伤害	shānghài	V	to hurt, to injure

活动

1 看一遍课文，判断对错。

(　　)(1)“我”在王菲家里看到了她的宠物猫。

(　　)(2)王菲家的猫是她从公园里捡来的。

(　　)(3)这只小猫好像找不到自己的妈妈了。

(　　)(4)我们的大学里有很多流浪猫。

(　　)(5)大学里的流浪猫不用担心活不下去。

(　　)(6)流浪猫没有宠物猫自由。

(　　)(7)流浪猫没有同伴。

(　　)(8)流浪猫的数量越多越好。

(　　)(9)照顾流浪猫的人大多是好人。

(　　)(10)“我”认为不应该多照顾流浪猫。

2 再看一遍课文，回答下面的问题。

(1)大学里的流浪猫跟其他地方的流浪猫有什么不同？

(2)大学里的流浪猫跟宠物猫有什么不同？

(3)为什么有人认为照顾流浪猫不一定是好事？

(4)“我”认为应该怎样对待流浪猫？

3 听课文，完成填空。

我们学校里也有很多流浪猫。它们没有家，可是它们根本不用担心________。因为有很多爱猫的学生会给猫吃超市买来的猫粮，喝干净的水，常常________它们，抚摸它们，跟它们玩儿，给它们________。有一只黄色的流浪猫还经常在教室里跟学生一起听老师________呢！

有了人的照顾，流浪猫的数量增长得太快，有一些流浪猫就会________。有的流浪猫因为常常得到人的照顾，变得________，甚至对人很亲密，这样很容易受到坏人的伤害。

4 两人一组，根据活动 2 中的问题，复述课文。

六、拓展练习

1 听一遍短文，回答下面的问题。 08-3

（1）这个故事发生在什么地方？

（2）为了帮助老人，院长买了什么？

（3）院长的决定是正确的还是错误的？

2 再听一遍短文，判断对错。 08-3

（ ）（1）疗养院的老人都能自己照顾自己。

（ ）（2）疗养院的老人感到很孤独。

（ ）（3）疗养院的老人想要养宠物。

（ ）（4）人们不相信老人能照顾好宠物。

（ ）（5）在护士的帮助下，老人把宠物照顾得很不错。

（ ）（6）老人的身体和精神比以前好了很多。

3 阅读：疗养院里的宠物。

美国的一个疗养院里，很多老人不能自己照顾自己。虽然有护士在身边，但他们还是感到很孤独。有一天，疗养院的院长买来两条狗、四只猫和一百只鸟。这到底是疗养院还是动物园？护士们很生气，因为他们照顾老人已经非常辛苦了，绝对不想再照顾动物！院长却说："放心！我会让老人们来照顾这些动物。"护士们都说，院长是疯了吧？这些老人连自己都照顾不好，怎么能照顾动物？

可是，事情跟人们想的不太一样。有一位老人，以前总是心情不好，从来不笑。他不愿意吃饭，不愿意说话，不愿意离开自己的房间。但是，当院长让他照顾一只狗以后，他开始自己穿衣服，并走出房间，带狗去散步。他不但给狗吃东西，他自己吃得也比以前多了。他开始跟人打招呼、聊天儿。人们甚至看到他在笑！三个月后，他的身体比以前好多了，他离开了疗养院，回到了自己的家。他说："疗养院的狗救了我。"

人们发现，大多数老人都把动物照顾得很不错，同时，他们的身体和心情也变好了。照顾动物让老人们不再孤独，让他们的生活变得有意思起来。

补充词语

1	疗养院	liáoyǎngyuàn	N	convalescent hospital
2	护士	hùshi	N	nurse
3	孤独	gūdú	A	lonely
4	动物园	dòngwùyuán	N	zoo
5	疯	fēng	V	(to be) crazy, (to be) insane
6	打招呼	dǎ zhāohu		to greet, to say hello (to)

4 讨论。

你觉得养宠物对哪些人有好处？具体说一说有什么好处。

5 写作训练。

请你在同学之间做一个调查，看看大家有没有养宠物，对于养宠物有什么感觉和想法。用 200 ～ 300 字概括一下。

七、聚宝盆（请写下这一课你新学会的词语和句子）

第九课

你准备好回国了吗？

一、热身

1. 在中国，你常常想家吗？哪些时候会想家？

2. 想家的时候，你最想谁？你最想跟他一起做什么？

二、词语

1	转眼	zhuǎnyǎn	V	in an instant	一转眼；转眼间
2	靠	kào	V	to depend on	
3	盼	pàn	V	to look forward to	
4	感情	gǎnqíng	N	emotion, feeling	感情很深
5	视频	shìpín	N	video	看视频； 跟……视频聊天儿
6	激动	jīdòng	A	excited	
7	摇	yáo	V	to wag	
8	尾巴	wěiba	N	tail	摇尾巴
9	圣诞节	Shèngdàn Jié	N	Christmas	
10	显得	xiǎnde	V	to appear, to seem	
11	焦躁	jiāozào	A	restless with anxiety	显得很焦躁
12	情景	qíngjǐng	N	scene	

13	具体	jùtǐ	A	concrete, specific

活动

1 选择合适的动词填空。

靠　盼　摇

（1）我家的小狗一高兴就________尾巴。

（2）孩子们________着圣诞节的到来，因为可以收到很多礼物。

（3）他三岁时父母就死了，他是________邻居们的照顾长大的。

（4）孩子问："我可以再吃一个冰淇淋吗？"妈妈________头，表示不行。

（5）我的日语不好。在日本，我________电子词典跟人交流。

（6）一个多星期了，天气又干又热，大家都________着下一场大雨，能凉快一些。

2 选择合适的名词填空。

感情　视频　尾巴　圣诞节　情景

（1）在很多西方国家，________是非常重要的节日。

（2）现在网络很发达，不同城市和国家的人都可以通过________聊天儿来"面对面"交流。

（3）这个孩子________很丰富，看书、看电影、听音乐的时候常常会感动得哭起来。

（4）我离开家时，我的小狗追着车跑了很久，我忘不了那个________。

（5）老鼠会用________运输鸡蛋。

3 选择合适的形容词填空。

激动　焦躁　具体

（1）时间快要来不及了，怎么办？我心里有些________。

（2）我们的计划成功了，大家都很________。

（3）你想去西藏玩儿？什么时候去？跟谁去？怎么去？有________的计划吗？

4 模仿例句，学习“显得”的用法，然后完成句子。

例：跟我说话的时候，他一直低着头，不敢看我，显得很不自信。

上课的时候，他不停地往窗外看，显得很不安。

她的衣服颜色很暗，显得很不精神。

（1）关于我们这个专业，他问了很多问题，显得__________。

（2）这件衣服颜色很亮，你穿上以后显得__________。

（3）他坐得很靠近她，还不时地摸一摸她的头，显得__________。

三、语言点

疑问代词表示虚指

Interrogative pronouns indicating empty reference

1. 常用的疑问代词有：谁、什么、哪、哪儿、怎么等。

Common interrogative pronouns include “谁”, “什么”, “哪”, “哪儿”, “怎么”, etc.

2. 疑问代词用于虚指时，表示不知道、说不清楚或不需要说清楚的人或事物。例如：

If an interrogative pronoun is used for empty reference, it indicates somebody/something that one doesn't know, is not clear about, or doesn't need to make clear. For example:

如果你害怕，下次就找谁跟你一起去吧！（重要的是找一个人，是谁不重要）

我很无聊，想找点儿什么事做！（我想做一些事情，但还没想清楚是什么事）

咱们哪天去故宫玩儿吧。（要去故宫玩儿，时间还不确定）

我一定在哪儿见过他，可是我想不起来了。（我见过他，可是见面的地点忘记了）

我想怎么改变一下我的生活习惯，更健康一些。（应该怎么改，还不知道）

活动

用括号中给的疑问代词表示虚指的形式改写下面句子中画线的部分。

（1）我买到了你要的东西，你找个时间来拿吧。（什么时候）

____。

（2）我不习惯一个人去电影院，我想找一个人跟我一起去。（谁）

____。

（3）去别人家做客的时候，应该带一些礼物，不要空手去。（什么）

____。

（4）暑假到了，我想找个地方旅游一下。（哪儿）

____。

（5）我不知道用什么方法感谢你。（怎么）

____。

四、主课文

09-1

刘　强： 时间过得真快！里尔克，你就要回去了吧？

里尔克： 是啊，一转眼，一个学期就要结束了。这段时间，你给了我太多的帮助！谢谢你！

刘　强： 不客气！我们中国人说，“在家靠父母，出门靠朋友”。你从德国来到中国，我这个好朋友不帮你，谁帮你？

里尔克： 在熟悉的地方，什么东西去哪里买，什么事情怎么做，有什么问题去找谁，大家差不多都知道，不会有什么大问题。但是在新的地方，特别是在外国，什么事情都不了解，什么事情都要问，朋友就特别重要了。

刘　强： 你还记得吗？我在德国时，一有什么事情就去找你。对了，你的家人都盼着你回去吧？

里尔克：是啊，我也很想他们。你知道我最想见到的是谁吗？

刘 强：你的女朋友？你的爸爸妈妈？

里尔克：都不是！是我家的小狗阿里！在家时，不管天气怎么样，我都要带它出去散步。它跟我的感情可好啦！

刘 强：你来中国以后就没有见过阿里了吧？

里尔克：我跟家人在电脑或者手机上视频聊天儿的时候，阿里也一定会参加！它一看到我就激动得摇尾巴！

刘 强：你圣诞节寄礼物回家时，有没有阿里的礼物？

里尔克：我给它买了一件衣服。它从来没有穿过衣服，穿上以后很不习惯，显得很焦躁，我们都笑死了。

刘 强：那你再给它买四只鞋子，看看它穿上以后还会不会走路。

里尔克：哈哈哈！好主意！我还特别想跟我爸妈在家里一边吃饭一边聊天儿。以前天天这样也没什么感觉，可是离开家这么久，有时候我会特别想念那样的情景。

刘 强：我理解！你爸爸妈妈知道你回国的具体时间了吗？

里尔克：他们知道，我爸爸会去机场接我。

活动

1 分角色朗读课文，并回答下面的问题。

（1）“在家靠父母，出门靠朋友”这句话是什么意思？

（2）为什么在熟悉的地方不太需要朋友帮助，而在新的地方很需要朋友帮助？

（3）里尔克盼着回家吗？他最想见到谁？

（4）里尔克来中国后，怎么跟小狗阿里见面？

（5）里尔克给小狗阿里买了什么圣诞节礼物？阿里喜欢吗？

（6）里尔克想和爸爸妈妈一起做什么？为什么？

2 说说下面几句话是什么意思。

（1）“你从德国来到中国，我这个好朋友不帮你，谁帮你？”

（2）“它跟我的感情可好啦！”

（3）“那你再给它买四只鞋子，看看它穿上以后还会不会走路。”

3 两人一组，练习对话。

如果你要回国了，你最想见的人是谁？你最想做的事是什么？最想去的地方是哪里？为什么？

4 把活动3中的对话整理好，写下来。

五、副课文

09-2

我马上就要回国了。在这段时间里，我得到了中国朋友的很多帮助，很感谢他们，也很舍不得离开他们。但我还是很高兴能回国，因为我也很想念我的家人和朋友。

现在网络很发达，我可以很方便地用电脑或者手机跟家人、朋友联系，有什么好消息马上就可以告诉他们，有什么困难也可以马上就请他们帮忙。我们还可以在网络上“面对面”聊天儿！但是，网络上的“面对面”毕竟不是真的见面。我想要跟他们坐在同一张桌子旁边，吃同一个比萨，喝同一瓶啤酒，呼吸相同的空气，我要能拉着他们的手，跟他们拥抱在一起，那才是真的“在一起”。

我也想念我的小狗阿里。以前，我每天都带它去散步，跟它玩儿。我看到很多中国人给他们的小狗穿衣服，很有意思。上个圣诞节，我也给阿里买了一件衣服寄了回去。它穿上以后太帅了！不过它好像不喜欢，一直在叫，我妈妈只好帮它把衣服脱了。这一次，我打算给它带回去四只鞋子。它穿上以后，会不会连走路都不会了？会不会急得咬我？别的狗会不会对着它叫？啊，我已经等不及要试一试了！

补充词语

1	段	duàn	M	(*a measure word for duration of time*) period
2	面对面	miànduìmiàn		face to face
3	比萨	bǐsà	N	pizza
4	呼吸	hūxī	V	to breathe
5	等不及	děngbují	V	can't wait (to do something)

活动

1 看一遍课文，判断对错。

(　　)(1)“我”马上就要回国了。

(　　)(2)“我”舍不得离开中国朋友，不想回国。

(　　)(3)因为有网络，“我”可以常常跟家人联系。

(　　)(4)网络上的“面对面”视频聊天儿跟真的见面完全一样。

(　　)(5)来中国前，“我”每天都带小狗阿里去散步。

(　　)(6)“我”之前给小狗阿里买了一件衣服，它很喜欢。

(　　)(7)“我”想小狗阿里会喜欢它的新鞋子的。

(　　)(8)小狗阿里已经等不及“我”回去了。

2 再看一遍课文，回答下面的问题。

(1)“我”对回国是什么态度？

(2)网络发达对“我”有什么用？

(3)“我”认为怎样才是真正的“在一起”？

(4)“我”为小狗阿里准备了什么礼物？

3 听课文，完成填空。

(1)在这段时间里，我得到了中国朋友的很多帮助，很感谢他们，也很

________离开他们。但我还是很高兴能回国，因为我也很________我的家人和朋友。

（2）现在网络很发达，我可以很方便地用电脑或者手机跟家人、朋友联系，有什么________马上就可以告诉他们，有什么________也可以马上就请他们帮忙。我们还可以在网络上“面对面”聊天儿！

（3）网络上的“面对面”毕竟不是真的见面。我想要跟他们坐在________桌子旁边，吃________比萨，喝________啤酒，呼吸________空气，我要能拉着他们的手，跟他们拥抱在一起。那才是真的“________”。

（4）我看到很多中国人给他们的小狗________，很有意思。上个圣诞节，我也给阿里买了一件衣服寄了回去。它穿上以后太帅了！不过它好像不喜欢，一直在叫，我妈妈只好帮它________。

（5）我打算给它带回去四只________。它穿上以后，会不会________都不会了？会不会________？别的狗会不会________？啊，我已经等不及要________了！

六、拓展练习

1 听一遍短文，判断对错。 09-3

（ ）（1）“独在异乡为异客，每逢佳节倍思亲”的意思不难理解。

（ ）（2）“我”小学时学了这句诗，那时就真正懂得了它的意思。

（ ）（3）“我”上大学以前很少离开父母。

（ ）（4）“我”上大学以前，中秋节都跟爸爸妈妈或者爷爷奶奶一起过。

（ ）（5）“我”上大学以前觉得中秋节很普通。

（ ）（6）上大学那一年的中秋节，“我”感到特别孤单。

（ ）（7）中秋节那天，“我”给妈妈打了电话。

（ ）（8）有些道理，必须自己经历过才能真正懂得。

2 再听一遍短文，回答问题。 09-3

（1）短文里提到了什么节日？

（2）我在哪里、跟谁、怎样过的这个节日？

3 阅读：离家在外的中秋节。

小学时我就学习过一句诗："独在异乡为异客，每逢佳节倍思亲。"它的意思很简单：一个人离开了家乡，在另一个地方生活，感觉自己只是一个客人，每到节日就特别想念家乡和亲人。但直到上了大学，我才真正体会到思念亲人的感觉。

刚到北京上大学的时候，我很兴奋。那是我第一次离开父母，感到特别自由。几个星期以后，中秋节到了，这是中国人全家团圆的日子。北京的同学差不多都回家了，我一个人在食堂吃完晚饭，就在校园里慢慢散步，望着又大又圆的月亮，突然觉得特别孤单，特别想念爸爸妈妈和爷爷奶奶。以前的每一个中秋节，我都和他们一起吃晚饭，然后一起坐在阳台上聊天儿，一边赏月，一边吃月饼。我甚至想念起我并不喜欢吃的月饼来！这时，我的手机响了，是妈妈打给我的！她告诉我，大家都很想念我。听着妈妈的声音，我想起了这句诗："独在异乡为异客，每逢佳节倍思亲。"

从那以后，我明白了：很多事情，很多感情，你以为了解了，其实并没有，只有自己经历过，才会真正懂得。

补充词语

1	独在异乡为异客，每逢佳节倍思亲	dú zài yìxiāng wéi yì kè，měi féng jiājié bèi sī qīn		For a lonely stranger on a foreign land, every holiday the homesickness amplifies.
2	亲人	qīnrén	N	kinsfolk, relative
3	团圆	tuányuán	V	to reunite with one's family members
4	赏月	shǎng yuè		to enjoy the full moon
5	月饼	yuèbing	N	mooncake
6	经历	jīnglì	V & N	to experience, to undergo; experience

◎ 问题：

（1）“独在异乡为异客，每逢佳节倍思亲”这句诗是什么意思？

（2）上大学前，“我”怎么过中秋节？“我”对中秋节的感觉怎么样？

（3）第一年上大学的时候，“我”怎么过的中秋节？“我”的感觉怎么样？

（4）从文中的这件事中，“我”明白了什么道理？

4 讨论。

有哪些道理，你早就看过或者听过，但直到自己经历后才真正理解。

5 写作训练。

请你在同学之间做一个调查，看看大家哪些时候会比较想家，想家的时候是想哪些人，想做哪些事。用 200 ～ 300 字概括一下。

七、聚宝盆（请写下这一课你新学会的词语和句子）

你想去哪儿旅游？

一、热身

1. 你喜欢旅游吗？

2. 在你自己的国家，你去过哪些地方旅游？你去哪些国家旅游过？

3. 是什么吸引你去一个地方旅游？美丽的自然风景，悠久的历史，特别的文化，良好的治安，丰富的美食，方便的购物，还是其他？

二、词语

1	风景	fēngjǐng	N	scenery, landscape	风景优美
2	卷	juàn	M	volume	一卷书
3	行	xíng		to travel	行万里路
4	感受	gǎnshòu	V & N	to experience, to feel; feelings	
5	大自然	dàzìrán	N	nature, mother nature	
6	伟大	wěidà	A	great	
7	长城	Chángchéng	N	the Great Wall	
8	说到	shuōdào		to speak of; as to	
9	古代	gǔdài	N	ancient times	
10	现代	xiàndài	N	modern times	
11	科技	kējì	N	science and technology	

12	少数民族	shǎoshù mínzú		minority ethnic group	
13	纳西族	Nàxīzú	N	Naxi ethnic group	
14	文字	wénzì	N	character, script, written language	
15	古乐	gǔ yuè		ancient music	纳西古乐

专名

1	黄山	Huáng Shān	Mount Huangshan
2	云南	Yúnnán	Yunnan, a Chinese province

活动

1 选词填空。

开始　风景　现代　大自然　文字　结束　古乐　表演　古代

（1）我们的汉语课 9:00________，11:30________。

（2）应该多带孩子去游玩，让孩子认识________，喜欢________。

（3）中国人用“黄山归来不看岳”表示黄山的________非常美。

（4）古代的音乐，也可以称为________，和现代音乐听起来很不同。

（5）演员们________得非常好，观众们非常满意。

（6）汉字，就是汉语的________，它看上去和英语的文字完全不一样。

（7）如果让我回到________，过没有电和网络的生活，我会受不了。

（8）________社会，完全不认识字的人已经不多了。

2 模仿例句，学习“说到”的用法，然后完成句子。

例：说到她女儿，她可以跟你说三个小时也不停。

说到足球，没有他不知道的球队。

说到学习，他立刻就没精神了。

（1）说到化妆，________________________________。

（2）说到去旅游，______________________________。

（3）说到去医院看病，__________________________。

例：A：我下周要去上海。

B：说到上海，我最好的朋友就在上海，我一直想去看看她。

A：我很喜欢吃冰淇淋。

B：说到冰淇淋，我昨天正好自己做了一些，你想尝尝吗？

A：最近，我正在忙着找工作呢。

B：说到找工作，我也正想离开现在的公司，换个环境呢。

（4）A：你喜欢看电影吗？

B：说到看电影，____________________________。

（5）A：今天晚上我约了朋友吃饭。

B：说到晚上吃饭，__________________________。

三、语言点

疑问代词表示任指

Interrogative pronouns indicating arbitrary reference

1. 汉语里常用疑问代词“谁”“什么”“哪”“哪儿”“怎么”“多少”等表示任指，强调任何人或任何事物都一样，后常用“也”或“都”呼应。例如：

In Chinese, an interrogative pronoun such as “谁”, “什么”, “哪”, “哪儿”, “怎么”, or “多少” is often used for arbitrary reference, emphasizing whoever or whatever. It is often followed by “都” or “也”. For example:

我刚来这里，谁也不认识。

她生病了，什么也吃不下。

下个星期我都在公司，你哪天来找我都行。

这首歌现在特别流行，哪儿都能听到。

不管你怎么说，我都不会相信。

如果她不想听你的话，你说多少遍也没有用。

2. 疑问代词表示任指的另一个方式是，在一个句子里用两个相同的疑问代词前后呼应，有时句中用“就”来加强语气。例如：

Another way in which an interrogative pronoun is used for arbitrary reference is to use two identical interrogative pronouns in a sentence in response to each other. Sometimes, “就” is used in the sentence to strengthen the tone. For example:

谁爱吃谁吃，反正我不吃。

孩子想要什么，妈妈就买什么。

你想吃哪个菜就点哪个菜。

我去哪儿，小狗就跟到哪儿。

你怎么方便就怎么做吧。

你需要多少就拿多少吧。

活动

1 模仿例句，用所给的疑问代词，把下面句子中画线的部分改写成疑问代词表示任指的形式，可以适当增减词语。

例：我今天不舒服，不想去任何地方。（哪儿）

哪儿也不想去。

大熊猫太可爱了！我想，所有人都会喜欢大熊猫。（谁）

谁都会喜欢大熊猫。

（1）这个孩子身体不太好，几乎不参加体育运动。（什么）

______________________________。

（2）马克刚来中国，所有的中国话他都听不懂。（什么）

______________________________。

（3）他第一次来中国，任何地方都想去看看。（哪儿）

______________________________。

（4）我很累，不想去任何地方，只想在家里休息。（哪儿）

______________________________。

(5) 这些书我已经都看过了，你可以随便借走。(哪)

____。

(6) 这些房间都是空的，你可以随便挑一间住。(哪)

____。

(7) 昨天晚上我就是没有办法睡着，所以今天我很累。(怎么)

____。

(8) 我用了很多方法洗，都洗不干净这件衣服。(怎么)

____。

(9) 不管别人对我好还是对我坏，我都像朋友一样对他们。(怎么)

____。

(10) 不管明天是晴天还是雨天，我都要去踢足球。(怎么样)

____。

(11) 你问一百遍、一千遍、一万遍，我都不会回答你这个问题。(多少)

____。

(12) 你给我再多的钱，我也不可能爱你。(多少)

____。

(13) 那个孩子太可怜了，大家都想帮助他。(谁)

____。

(14) 你再这样下去，没有人会相信你的话。(谁)

____。

(15) 我们看到他的时候，他总是在睡觉。(什么时候)

____。

(16) 他对工作很负责，任何时候都在想工作上的事情。(什么时候)

____。

2 模仿例句，用所给的疑问代词，把下面的句子改写成用疑问代词表示任指的句子，可以适当增减词语。

例：你可以用你喜欢的方法来做。(怎么)

你喜欢怎么做就怎么做。

你可以点任何想吃的东西。（什么）

你想吃什么就点什么。

（1）想去看电影的人，到我这里拿电影票。（谁）

____。

（2）他很有钱，想去任何地方旅游都行。（哪儿）

____。

（3）大家可以随便画你们想画的东西。（什么）

____。

（4）你可以在你方便的时候来找我。（什么时候）

____。

（5）他很喜欢吃，总是把桌子上的饭菜全部吃完。（多少）

____。

（6）我们按照老师说的做。（怎么）

____。

（7）我没有太多钱，要住最便宜的宾馆。（哪）

____。

（8）北京和天津离得很近，两个地方的天气一样。（怎么样）

____。

四、主课文

这学期快要结束了，刘强见到里尔克，聊起里尔克回国前的打算。

刘　强：里尔克，考完试以后，你还有两个星期才回国。你有什么打算？

里尔克：我想借这个机会，去几个地方旅游一下。

刘　强：又去旅游？我感觉你在中国去过的地方比我都多！

里尔克：旅游时，什么风景都可能看到，什么人都可能认识，什么文化都可能了解到，所以我喜欢旅游。

刘　强：中国人说“读万卷书，行万里路”，意思就是到不同的地方去看看，跟读书一样重要。

里尔克：我同意！虽然在书上、电视上、网上什么知识都能学到，但只有自己经历过才能真正理解。

刘　强：你去过中国那么多地方，最喜欢哪儿？

里尔克：哪个地方都有自己的特点，会给人留下不同的感受。谁去了黄山，谁就能感受到大自然的伟大；谁去了长城，谁就能感受到人的伟大。我喜欢的地方太多了，很难说哪里是最喜欢的。

刘　强：也有道理！说到长城，我觉得古代人特别厉害，那时候可没有什么现代科技。

里尔克：是啊！还有一些地方，回来以后，我记住的是那里的文化，比如云南。

刘　强：云南有很多少数民族，那里的少数民族文化很有特点。

里尔克：对，比如说纳西族，他们的文字像画儿一样。

刘　强：谁能看懂纳西文字，谁就是文字的专家。普通的中国人，谁都看不懂！

里尔克：怪不得我一个字都看不懂。我还听了纳西古乐，让我吃惊的是，表演的人大都是七八十岁的老人！

刘　强：可能是学习古乐的年轻人太少了吧。

里尔克：我也这样想。对了，刚才说到我想去旅游，可是我还没想好去哪里。现在是夏天，大部分地方都太热了。要不，哪里凉快我就去哪里吧。

活动

1 分角色朗读课文，并回答下面的问题。

（1）里尔克回国前打算做什么？

（2）“读万卷书，行万里路”是什么意思？

（3）看到黄山的风景会感受到什么？

（4）看到长城的风景会感受到什么？

（5）里尔克在云南感受到了什么？请具体说一说。

2 根据你的实际情况，在空格处填写地方的名字。

（1）“谁去了黄山，谁就能感受到大自然的伟大。”

谁去了＿＿＿＿＿＿＿＿，谁就能感受到大自然的伟大。

（2）“谁去了长城，谁就能感受到人的伟大。”

谁去了＿＿＿＿＿＿＿＿，谁就能感受到人的伟大。

（3）“有一些地方，回来后记住的是那里的文化。”

我去了＿＿＿＿＿＿＿＿，回来后记住的是那里的文化。

3 两人一组，练习对话。

介绍一次让你印象深刻的旅行。一人提问，一人回答。

4 把活动 3 中的对话整理好，写下来。

五、副课文

10-2

回国前的两个星期，我想在中国旅游一次，可能是去北方。我很喜欢旅游，旅游可以让人学到很多书上没有的东西。

两个月前，我去了黄山。中国人说：“黄山归来不看岳。”就是说，去过黄山以后，别的山就不用再去看了，因为它已经是最美的山了。在黄山，每走几步，你眼前的山的形状和颜色、山上的树和石头、周围的云等，都不一样，一个惊喜接着一个惊喜。我认为，谁都应该去一次黄山。

其他的山真的不用看了吗？当然不是！我在中国去过三座不同的山，在自己的国家和其他国家至少去过十座山。哪座山都有自己的特点，哪座山都无法替代别的山。

从黄山下来，我去了附近的一个村子，那里有五六百年前的房子。房子的主人受过非常好的教育，又是非常成功的商人。房子的设计很特别，漂亮又实用，质量也好，现在还有人住。在那里，我不但感受到了中国古代建筑的美，还感受到了一种特别的文化氛围。

补充词语

1	岳	yuè		high mountain
2	形状	xíngzhuàng	N	shape
3	教育	jiàoyù	V & N	to educate; education
4	商人	shāngrén	N	businessman, merchant
5	建筑	jiànzhù	N	building, architecture
6	氛围	fēnwéi	N	atmosphere

活动

1 看一遍课文，判断对错。

(　　)(1) 考试结束后，“我”有三个星期的时间旅游。

(　　)(2) 黄山的山、树、水都很美。

(　　)(3) 黄山太美了，去过以后，别的山“我”都不想去了。

(　　)(4)“我”在中国去过十几座山。

(　　)(5)“我”去了黄山附近一个古老的村子。

(　　)(6)那些房子很老，现在已经没有人住了。

(　　)(7)那些房子质量很好，也很漂亮。

(　　)(8)那个村子的文化氛围在其他地方感受不到。

2 再看一遍课文，回答下面的问题。

(1)“我”为什么喜欢旅游？

(2)去过黄山以后，“我”感觉那里怎么样？

(3)“我”觉得去过黄山以后，还需要去看别的山吗？

(4)黄山附近的那个村子有什么特别的地方？

3 听课文，完成填空。

(1)在黄山，每走几步，你眼前的山的形状和颜色、山上的________、周围的云等，都不一样，一个惊喜________一个惊喜。

(2)我在中国去过三座不同的山，在自己的国家和其他国家至少去过十座山。________山都有自己的特点，哪座山都无法________别的山。

(3)那里有五六百年前的房子。房子的主人受过非常好的教育，又是非常成功的商人。房子的设计很特别，漂亮又实用，________也好，现在还________。在那里，我不但感受到了中国________建筑的美，还感受到了一种特别的文化氛围。

六、拓展练习

1 听一遍短文，回答下面的问题。 10-3

(1)旅游有哪两种方式？

(2)不用动脑子的是哪种旅游方式？这种方式有什么优缺点？

(3)可以自己决定很多事情的是哪种旅游方式？这种方式有什么优缺点？

2 再听一遍短文，选择合适的答案（可多选）。 10-3

(1)如果你是跟旅行团旅游的，下面哪几项可能是你的情况？(　　)

A 自己做旅行的计划

B 跟着导游走就是了

C 有人开车把你从一个地方送到另一个地方

D 你能跟当地人交朋友、一起吃饭

E 你喜欢这个地方的话，可以多待些时间

F 你不用担心看完风景在哪里吃饭的问题

（2）如果你是自由行，下面哪几项可能是你的情况？（　　）

A 出发前就对那个地方有很多了解

B 出发前要做很多准备

C 出发后就不用担心吃和住的问题了

D 别人让你去什么地方就去什么地方

E 你自己决定今天去哪里、做什么

F 不需要跟当地人打交道

3 阅读：跟着旅行团还是自由行？

旅游一般有两种方式，第一种是跟着旅行团，第二种是自由行。

跟着旅行团的好处是不用动脑子，看哪些地方，先去哪儿，再去哪儿，怎么去，在哪里吃饭，在哪里睡觉……什么都不用担心，导游都帮你想好了。坏处是你没有自由，想在哪里多待十分钟都不行。除了买东西，你跟那个地方的人说不上几句话，也无法了解他们跟你到底有什么不一样。比如，你去了欧洲十国，可是你没有讲过一句外语，没有坐过欧洲的火车或者公共汽车，也没有认识一个欧洲朋友。你看到了欧洲的风景和建筑，却没有真正了解欧洲的文化，你跟旅游前并没有什么真正的不一样。

自由行的坏处是要自己做很多准备。要想清楚参观哪些地方，先去哪里，再去哪里，怎么去，住哪儿。出发以前，你已经看了很多资料，了解了很多东西。到了以后，你自己看，自己听，自己想，你有了自己的认识。你还必须跟那里的人打交道，感受他们的语言和文化。你当然有自由，自己决定去哪里、不去哪里，想待多久就待多久。可是，别高兴得太早，旅行中可能会出现你没有想到的问题。如果你是跟朋友或者家人一起去的，你们就必须一起想办法解决问题。这可能会使你们的关系更好，也可能会使你们的关系变坏。听说，有的恋人一起去旅行，回来后就互相说“再见”了！

补充词语

1	旅行团	lǚxíngtuán	N	tour group
2	自由行	zìyóuxíng	V	independent travel
3	导游	dǎoyóu	N	tour guide
4	打交道	dǎ jiāodao		to make contact with
5	出现	chūxiàn	V	to appear, to arise
6	恋人	liànrén	N	lover

专名

欧洲	Ōuzhōu	Europe

4 讨论。

（1）你以前比较多的选择哪种旅游方式？你感觉怎么样？

（2）你最理想的旅游方式是什么？请具体说说。

5 写作训练。

请你在同学之间做一个调查，看看大家是否喜欢旅行，喜欢怎样的旅行，喜欢或者不喜欢旅行的哪些部分。用 200 ～ 300 字概括一下。

七、聚宝盆（请写下这一课你新学会的词语和句子）

生词表

Vocabulary

生词 New word	拼音 *Pinyin*	课号 Lesson
B		
比萨	bǐsà	9
必需品	bìxūpǐn	5
毕竟	bìjìng	7
不管	bùguǎn	4
C		
茶杯	chábēi	3
茶壶	cháhú	3
差不多	chàbuduō	2
长城	Chángchéng	10
长寿	chángshòu	6
吵架	chǎo jià	2
充电	chōng diàn	6
宠物	chǒngwù	8
出汗	chū hàn	4
出现	chūxiàn	10
传统	chuántǒng	6
床单	chuángdān	1
创作	chuàngzuò	7
春节	Chūnjié	6
D		
打工	dǎ gōng	1
打交道	dǎ jiāodao	10
打扰	dǎrǎo	8
打招呼	dǎ zhāohu	8
大自然	dàzìrán	10
袋泡茶	dàipàochá	3
蛋糕	dàngāo	6
导游	dǎoyóu	10
道理	dàolǐ	6
得奖	dé jiǎng	7
等不及	děngbují	9
等级	děngjí	3
点	diǎn	6
电子商务	diànzǐ shāngwù	5
电子书	diànzǐshū	5
动物园	dòngwùyuán	8
洞洞书	dòngdòngshū	5
独生女	dúshēngnǚ	6
独在异乡为异客，每逢佳节倍思亲	dú zài yìxiāng wéi yì kè，měi féng jiājié bèi sī qīn	9
段	duàn	9
E		
噩梦	èmèng	7
F		
发现	fāxiàn	6
发展	fāzhǎn	5
氛围	fēnwéi	10
风景	fēngjǐng	10
疯	fēng	8
抚摸	fǔmō	8
G		
干脆	gāncuì	6
感情	gǎnqíng	9
感受	gǎnshòu	10

生词 New word	拼音 *Pinyin*	课号 Lesson
钢琴	gāngqín	7
歌曲	gēqǔ	7
歌星	gēxīng	7
共享单车	gòngxiǎng dānchē	2
孤独	gūdú	8
古代	gǔdài	10
古乐	gǔ yuè	10
鼓励	gǔlì	2
挂耳咖啡	guà'ěr kāfēi	3
挂失	guà shī	2
怪不得	guàibude	7
H		
好不容易	hǎobù róngyì	1
好处	hǎochù	5
好像	hǎoxiàng	8
红茶	hóngchá	3
呼吸	hūxī	9
户外	hù wài	4
护士	hùshi	8
滑雪	huá xuě	4
化妆品	huàzhuāngpǐn	1
画册	huàcè	5
环保	huánbǎo	5
黄山	Huáng Shān	10
J		
激动	jīdòng	9
吉利	jílì	6
即使	jíshǐ	7
集邮	jí yóu	5
家居	jiājū	2
家人	jiārén	6
捡	jiǎn	8

生词 New word	拼音 *Pinyin*	课号 Lesson
减肥	jiǎn féi	3
建筑	jiànzhù	10
健康	jiànkāng	4
健身房	jiànshēnfáng	4
交	jiāo	2
交换	jiāohuàn	1
胶囊咖啡	jiāonáng kāfēi	3
焦躁	jiāozào	9
教练	jiàoliàn	4
教育	jiàoyù	10
接球	jiē qiú	4
节目	jiémù	7
尽管	jǐnguǎn	2
经历	jīnglì	9
精神	jīngshen	4
竟然	jìngrán	1
酒店	jiǔdiàn	1
救	jiù	8
菊花茶	júhuāchá	3
具体	jùtǐ	9
卷	juàn	10
K		
咖啡	kāfēi	3
咖啡机	kāfēijī	3
卡路里	kǎlùlǐ	3
开学	kāi xué	2
靠	kào	9
科技	kējì	10
可惜	kěxī	7
肯定	kěndìng	2
口感	kǒugǎn	3
苦	kǔ	3

生词 New word	拼音 *Pinyin*	课号 Lesson
L		
蜡烛	làzhú	6
辣	là	3
来不及	láibují	5
冷冰冰	lěngbīngbīng	5
立体书	lìtǐshū	5
恋人	liànrén	10
量	liàng	4
疗养院	liáoyǎngyuàn	8
零食	língshí	1
流浪	liúlàng	8
龙井茶	lóngjǐngchá	3
旅途	lǚtú	1
旅行团	lǚxíngtuán	10
旅游	lǚyóu	1
绿茶	lǜchá	3
M		
马拉松	mǎlāsōng	4
满足	mǎnzú	7
猫	māo	8
猫粮	māoliáng	8
毛巾	máojīn	1
密码	mìmǎ	1
面对面	miànduìmiàn	9
喵	miāo	8
民以食为天	mín yǐ shí wéi tiān	3
N		
纳西族	Nàxīzú	10
难得	nándé	1
挠	náo	8
O		
欧洲	Ōuzhōu	10

生词 New word	拼音 *Pinyin*	课号 Lesson
P		
爬山	pá shān	4
盼	pàn	9
Q		
其次	qícì	7
潜水	qiánshuǐ	4
巧	qiǎo	2
亲密	qīnmì	8
亲人	qīnrén	9
情景	qíngjǐng	9
取	qǔ	2
却	què	4
R		
热量	rèliàng	3
热门	rèmén	4
日历	rìlì	6
S		
伤害	shānghài	8
商人	shāngrén	10
赏月	shǎng yuè	9
少数民族	shǎoshù mínzú	10
社交媒体	shèjiāo méitǐ	5
圣诞节	Shèngdàn Jié	9
世纪	shìjì	6
视频	shìpín	9
手冲咖啡	shǒuchōng kāfēi	3
首先	shǒuxiān	7
受不了	shòu bu liǎo	3
蔬菜	shūcài	3
熟悉	shúxi	8
双肩包	shuāngjiānbāo	1
顺利	shùnlì	1

生词 New word	拼音 *Pinyin*	课号 Lesson
说到	shuōdào	10
速溶	sùróng	3
随身	suíshēn	1
锁	suǒ	1
T		
太极拳	tàijíquán	4
讨厌	tǎoyàn	7
剃须刀	tìxūdāo	1
替代	tìdài	5
天才	tiāncái	4
添麻烦	tiān máfan	3
听说	tīngshuō	2
同伴	tóngbàn	8
团圆	tuányuán	9
推荐	tuījiàn	3
托运	tuōyùn	1
脱脂	tuō zhī	3
W		
外地	wàidì	6
万能	wànnéng	5
网球	wǎngqiú	4
伟大	wěidà	10
尾巴	wěiba	9
文字	wénzì	10
无法	wúfǎ	5
X		
下载	xiàzài	2
显得	xiǎnde	9
现代	xiàndài	10
相反	xiāngfǎn	4
香味	xiāngwèi	3
箱	xiāng	1

生词 New word	拼音 *Pinyin*	课号 Lesson
想到	xiǎngdào	1
消失	xiāoshī	5
携带	xiédài	5
鞋子	xiézi	1
心情	xīnqíng	1
信任	xìnrèn	8
行	xíng	10
行李	xíngli	1
形状	xíngzhuàng	10
许	xǔ	6
选择	xuǎnzé	5
学费	xuéfèi	2
训练	xùnliàn	7
Y		
阎王爷	Yánwangyé	6
阳历	yánglì	6
摇	yáo	9
阴历	yīnlì	6
营养	yíngyǎng	3
营业厅	yíngyètīng	2
应用软件	yìngyòng ruǎnjiàn	2
用品	yòngpǐn	2
优雅	yōuyǎ	4
邮票	yóupiào	5
有朋自远方来，不亦乐乎	yǒu péng zì yuǎnfāng lái , bú yì lè hū	3
元旦	Yuándàn	6
愿望	yuànwàng	6
月饼	yuèbing	9
乐器	yuèqì	7
岳	yuè	10
云南	Yúnnán	10

生词 New word	拼音 *Pinyin*	课号 Lesson
Z		
占	zhàn	5
支持	zhīchí	6
直达	zhídá	2
纸张	zhǐzhāng	5
纸质书	zhǐzhìshū	5
智能手机	zhìnéng shǒujī	5
中国银行	Zhōngguó Yínháng	2
中秋节	Zhōngqiū Jié	6
重量	zhòngliàng	5
重视	zhòngshì	4
祝福	zhùfú	6
专家	zhuānjiā	7
专心	zhuānxīn	4
转眼	zhuǎnyǎn	9
装备	zhuāngbèi	4
资料	zīliào	1
仔细	zǐxì	2
自动取款机	zìdòng qǔkuǎnjī	2
自然	zìrán	7
自由	zìyóu	8
自由行	zìyóuxíng	10
自娱自乐	zìyú-zìlè	7
走调儿	zǒu diàor	7